요가원 창업 100문 100답

100 Questions & Answers for Starting a Yoga Studio

요가원 창업 100문 100답

김수진 지음

스토리닷

CONTENTS

PART 1. 창업 전 준비_ 나에게 맞는 요가원 만들기

Q1	요가원 창업을 하기 위한 절차는 무엇인가요? _26
Q2	창업 전 강사 활동 시 어떤 부분에 신경 써야 할까요? _29
Q3	창업 전에 어느 정도의 경험이 필요할까요? _31
Q4	창업 전 꼭 경험해 보아야 할 것이 있나요? _34
Q5	창업 교육을 받는 것이 좋을까요? _37
Q6	요가원 대표가 꼭 자격증이 있어야 할까요? _40
Q7	요가 철학, 꼭 알아야 할까요? _43
Q8	다양한 요가 스타일 경험을 해야 할까요? _45
Q9	롤 모델 요가원에서 무엇을 봐야 하나요? _48
Q10	회원들과 자연스럽게 소통하는 방법이 있을까요? _51
Q11	요가원 창업 전 어느 정도 공부해야 할까요? _55
Q12	어떤 요가원을 만들고 싶나요? _58
Q13	요가원 운영과 수업, 혼자 다 할 수 있을까요? _61
Q14	강사는 몇 명 정도 구해야 하나요? _64
Q15	강사 채용 시 중요하게 봐야 할 점은 어떤 것일까요? _67
Q16	요가 외에 다른 운동을 함께 운영하는 것이 좋을까요? _71
Q17	요가원의 콘셉트는 어떻게 정하나요? _74
Q18	요가원 이름을 어떻게 정하면 좋을까요? _77
Q19	처음 시작하기 좋은 규모는 어느 정도일까요? _80
Q20	요가원은 어디에 차려야 하나요? _83
Q21	요가원은 몇 층에 있는 것이 좋나요? _87
Q22	상가 계약 시 주의해야 할 점이 있을까요? _90
Q23	인테리어에서 가장 중요한 것은 무엇인가요? _93
Q24	샤워실은 꼭 있어야 할까요? _96
Q25	수련실에 거울은 꼭 필요한가요? _99

Q26　수련실의 조명은 어떻게 하는 것이 좋을까요? _103

Q27　냉난방 조절은 수련 효과와 어떤 관계가 있을까요? _106

Q28　운영과 회원 관리에 편리한 동선은 어떻게 짜야 하나요? _109

Q29　수업 시간표는 어떻게 구성해야 할까요? _112

Q30　프로그램을 다양하게 구성하는 것이 좋을까요? _115

Q31　수강료는 어떻게 책정해야 할까요? _118

Q32　홍보는 어떻게 해야 할까요? _121

Q33　오픈 이벤트는 하는 것이 좋을까요? _124

Q34　수업 준비에 필요한 도구는 어떻게 구입할까요? _127

Q35　공용매트와 개인매트를 어떻게 사용해야 하나요? _130

Q36　운영비를 절약하는 법은 어떻게 세팅해야 하나요? _133

Q37　보험은 드는 것이 좋을까요? _136

Q38　정부지원금을 받는 방법이 있나요? _139

Q39　요가 외에 배워야 할 것은 어떤 것인가요? _142

Q40　회원 관리 시스템은 어떻게 구축해야 할까요? _144

Q41　수업과 운영 중 어디에 집중 해야 할까요? _148

Q42　요가원 원장의 하루일과는 어떤가요? _150

Q43　수업이 폐강되는 경우를 어떻게 대비해야 할까요? _153

Q44　틈새시장을 공략할 방법은 어떤 것이 있을까요? _156

Q45　위생 관리는 어떻게 해야 할까요? _158

Q46　늦은 나이에 요가원을 창업해도 괜찮을까요? _162

Q47　대출 외 어떤 창의적인 자금 조달 방법이 있을까요? _165

Q48　요가원 운영·홍보에 좋은 플랫폼은 무엇인가요? _168

Q49　창업 초기, 제한된 예산으로 우선 투자 할 자원은 무엇일까요? _171

Q50　다시 돌아가도 요가원 창업을 하실 건가요? _173

PART 2. 창업 후 운영 _ 지속 가능한 요가원 만들기

051 요가원의 콘셉트를 특화하는 것이 왜 중요한가요? _178

052 요가원의 이미지는 어떻게 만들어지나요? _181

053 공간이 주는 에너지라는 말은 무엇인가요? _184

054 원장이 꼭 수업을 해야 할까요? _186

055 직원 관리 방향은 어떻게 해야 할까요? _189

056 수강권을 나눠 써도 되나요? _193

057 수준별 맞춤 지도를 위해 초급반, 고급반을 나눠야 할까요? _196

058 재등록이 안 되는 이유는 무엇인가요? _199

059 요가가 운동이 아닌 수련인 이유를 어떻게 전달하나요? _202

060 수업 예약제를 운영해야 할까요? _205

061 음료나 요가복 등을 판매하는 것이 좋을까요? _209

062 회원의 요구사항을 어떻게 파악하고 대처해야 하나요? _211

063 회원 간 분쟁은 어떤 방식으로 대처해야 하나요? _214

064 주위 요가원과의 경쟁은 필수인가요? _217

065 요가원의 미래는 어떨까요? _220

066 요가원 운영에 있어 책임감이 어느 정도 필요할까요? _224

067 회원들과는 어느 정도의 거리두기가 적당할까요? _227

068 회원 관리는 어떻게 해야 하나요? _230

069 요가원 운영, 얼마나 걸려야 안정될까요? _233

070 강사 생활과 비교했을 때 요가원 원장의 장단점은 무엇인가요? _236

071 요가원 운영 중 가장 힘들 때는 언제인가요? _240

072 요가원의 성과를 평가하는 기준은 무엇인가요? _243

073 남성 회원이 많으면 어떤 장단점이 있을까요? _245

074 신규회원과 장기회원 어느 쪽이 더 중요할까요? _248

075 상담 노하우가 있다면? _251

076 수련 이후 아픈 회원은 어떻게 대처해야 할까요? _255

077 특정 강사 수업 출석률이 낮다면 어떻게 대처하는 게 좋을까요? _258

078 요가가 늘지 않는다고 하소연하는 회원이 있다면 어떻게 하나요? _261

079 단체레슨과 개인레슨을 권하는 회원의 기준은 따로 있나요? _264

080 등록 이벤트를 주기적으로 해야 하나요? _267

081 요가원을 운영할 때 제일 중요하다고 생각되는 점은 무엇인가요? _271

082 요가 산업 변화와 트렌드를 따르는 것이 좋을까요? _273

083 수업할 때 특별히 중점을 둬야 하는 것이 있다면 무엇인가요? _275

084 어떤 사람에게 요가를 권하고 싶으신지요? _278

085 지인, 가족 등이 등록을 원할 경우 어떻게 설명드려야 좋나요? _281

086 요가원을 다시 차린다면 꼭 염두에 두고 싶은 것이 있나요? _285

087 세금 관리는 어떻게 하나요? _288

088 유지하고 싶은 신념이 있다면? _291

089 우리 요가원에 꼭 와야 하는 이유는 무엇인가요? _294

090 원장이 되어도 공부는 끝없이 해야 하나요? _297

091 원장으로서 꼭 가져야 할 마음가짐이 있다면 어떤 것인가요? _301

092 체험 클래스는 어떻게 운영해야 할까요? _304

093 무리한 수강권 홀딩이나 환불을 요구하면 어떻게 해야 하나요? _306

094 요가원장으로서 포기해야 할 것들은 무엇이 있을까요? _309

095 요가 협회에 꼭 가입해야 할까요? _312

096 요가원 양도, 양수 조건에서 고려해야 할 핵심 요소는 무엇인가요? _316

097 요가원의 롱테일 마케팅 전략을 아시나요? _319

098 요가원의 문제로 수업을 못하게 된다면 어떻게 대처해야 하나요? _321

099 요가원 운영에서 가장 과감했던 결정은 무엇이었나요? _324

100 이 책에서 해주고 싶은 이야기는 무엇인가요? _327

PROLOGUE.

"이 책은 요가원 운영에 관한 진솔한 기록입니다"

요가를 처음 만난 건 무용을 전공하던 대학 시절이었습니다. 비교와 경쟁이 당연했던 무대에서 내려와 오롯이 나 자신만을 바라볼 수 있는 요가의 세계는 제게 깊은 울림으로 다가왔습니다. 그때부터였을 겁니다. 요가는 단순한 운동이 아니라, 내 몸과 마음을 깊이 들여다보는 길이라는 걸 깨닫게 된 순간이요.

졸업 후 자연스럽게 요가지도자의 길을 걷게 되었지만, 이전부터 앓고 있던 허리디스크는 쉽게 저를 놓아주지 않았습니다. 몸을 제대로 알지 못하면 치유도 어렵다는 사실을 깨닫고, 대학원에 진학해 스포츠의학을 공부했습니다. 그 과정에서 체형 교정과 재활 요가를 접목하게 되었고, 그렇게 저만의 요가 수업이 조금씩 자리를 잡아갔습니다.

우연한 기회로 요가원을 인수하게 되어 초보 원장으로 시작해 어느덧 14년이라는 시간이 흘렀습니다. 그 긴 시간 동안 수많은 회원님들과 함께 호흡하며, 때로는 성장하고, 때로는 좌절하면서도 한결같이 제 마음에 자리한 건 바로 '요가가 좋아서'라는 단순한 마음이었습니다.

저는 요가가 좋아서 이 일을 시작했고, 지금도 앞으로도 요가가 제 삶에 없다는 건 상상할 수 없습니다. 요가원을 운영하며 힘든 순간들도 많았고, 앞으로도 그런 순간은 분명 또 찾아올 겁니다. 하지만 그럴 때마다 저는 요가를 통해 스스로를 다잡고, 이겨낼 수 있을 거예요. 그래서 늘 생각합니다. "내가 요가를 해서 참 다행이다."

요가원 운영은 누군가에겐 단순한 공간 관리처럼 보일지 모르지만, 사실은 사람과 사람 사이에 신뢰를 쌓는 일입니다. 회원 한 분 한 분의 컨디션을 살피고, 수업 준비는 물론, 예상치 못한 변수들까지 유연하게 대응해야 하는 날들이 반복되지요. 특히 최근 몇 년은 육아까지 병행하면서 몸이 세 개쯤 있었으면 좋겠다는 생각이 들 정도로 바쁘게 살아왔습니다.

이 책은 요가원 운영을 잘하는 법을 소개하는 책이 아닙니다. '요가원을 운영한다는 것'에 대한 현실적이고도 진솔한 기록입니다. 수업 준비부터 회원 관리, 위기 상황 대처, 그리고 운영자로서의 마음가짐까지, 실제 경험에서 우러난 이야기들을 담았습니다. 완벽한 운영 매뉴얼은 아니지만, 시행착오 속에서 제가 배운 것들을 나누고자 합니다.

요가원을 오래 운영했다고 해서 '잘'하고 있다고 말할 수는 없습니다. 지금도 여전히 어려운 순간들이 있고, 어떤 날은 뒤돌아서 후회하기도 하죠. 그런 과정을 반복하면서, 저 역시 아직 많이 부족하다고 느낍니다.

그래서 이 책에 담긴 제 이야기들이 모두 정답이라고 말하고 싶진 않습니다. 그저 제가 지나온 길에서 얻은 경험을 담담히 나누고자 했습니다. 이 글이 누군가에게 작은 참고가 되거나, 위로되기를 바라는 마음으로 썼습니다.

이 책이 요가원을 운영하고 있거나 창업을 준비 중인 분들께 작게나마 도움이 되기를 바랍니다. 그리고 무엇보다, 이 길을 함께 걷는 동료로서 서로의 경험을 나누고 위로받을 수 있기를 진심으로 소망합니다. 느리더라도, 흔들리더라도, 우리는 계속 나아가고 있으니까요.

끝으로, 제가 무사히 이 책을 쓸 수 있도록 든든히 요가원을 지켜주시고 응원해 주신 샨티요가 선생님들과 주말마다 기꺼이 아이를 돌봐주시고 시간을 내어주신 부모님과 남편에게 깊은 감사의 마음을 전합니다. 그 사랑과 배려가 없었다면 이 책은 세상에 나오지 못했을지도 모릅니다.

PART 1. 창업 전 준비 _ 나에게 맞는 요가원 만들기

Q1. 요가원 창업을 하기 위한 절차는 무엇인가요?

==요가원을 시작하기 전, 가장 먼저 해야 할 일은 요가원의 '정체성'을 정하는 겁니다.== 저는 체형교정요가를 중심으로, 허리 통증에 시달리는 직장인, 관절 건강을 원하는 시니어, 운동선수들의 근육 균형을 잡아주는 프로그램으로 처음부터 콘셉트를 만들었어요. 여러분은 어떤 고객을 만나고 싶으신가요? 예를 들어, 임산부 요가나 어린이 요가를 추가해 다양한 고객층을 끌어들일 수도 있죠. 이 정체성은 요가원의 모든 결정(위치, 프로그램, 마케팅)의 기준이 됩니다. 시장 조사는 이 과정에서 필수예요. 체형교정요가처럼 특화된 프로그램이 드물다면, 그 자체가 경쟁력이 됩니다. 유동 인구가 많고 접근성이 좋은 역세권이나 주거 단지를 추천하지만, 타깃 고객의 라이프스타일을 고려하세요. 직장인을 겨냥한다면 오피스 근처, 시니어를 타깃으로 한다면 조용한 주거지가 적합할 거예요. 입지를 정했다면, 운영의 큰 그림을 그려야 해요. 수업은 그룹 클래스로 활기찬 분위기를 만들 건지, 개인 레슨으로 맞춤형 지도를 할 건지 고민하세요. 저는 처음엔 그룹 클래스를 운영하며 커뮤니티를

만들었고 개인 레슨으로 고객 한 명 한 명의 체형을 분석하며 신뢰를 쌓았습니다. 체형교정요가라는 자세분석을 통한 근육 이완, 코어 강화 같은 특화된 수업을 중심으로, 명상이나 호흡법을 더해 심신의 균형을 강조했어요. 물론 프로그램을 다양화하면 더 많은 고객을 끌어들일 수 있어요. 예를 들어, 임산부 요가나 시니어 요가를 추가하면 고객층이 넓어질 수 있죠.

요가원 운영의 핵심은 재무 계획이에요. 처음엔 고정비와 수익을 꼼꼼히 따지느라 머리가 아팠지만, 이게 안정적인 운영의 기반이 되더라고요. 요가원의 기본 수익 모델은 다음과 같아요.

- 정기 회원권(1개월, 3개월, 6개월 등)
- 원데이 클래스
- 개인 레슨
- 요가 매트, 폼롤러, 스트랩 같은 용품 판매

저는 체형분석 같은 부가 서비스를 추가해 수익을 다변화했어요. 예를 들어, 월 고정비(임대료, 인건비, 마케팅비 등)가 300만 원이라면, 최소 그만큼의 매출을 내야 본전이에요. 손익분기점을 계산해 회원권 가격이나 마케팅 전략을 조정하세요. 초기 자금은 5천만~1억 원 정도 필요할 수 있는데, 자기 자본만으론 힘들다면 소상공인 정책자금, 청년창업 대출, 여성 창업 지원금을 활용하세요. 소상공인시장진흥공단이나 지역 창업센터에 지원 프로그램도 많으니 꼭 확인해 보세요.

재무 분석이 끝나면 운영 개시 전 사업자 등록을 해야 할 차례예요. 요가원은 '체육시설의 설치·이용에 관한 법률'에 따라 별도의 체육시설업 신고 없이 세무서에서 사업자 등록을 하면 돼요. 요가원은 단순 서비스업이 아니라, 체형교정 프로그램 같은 전문성을 제공하는 스포츠 교육 공간이에요. 그래서 '교육서비스업' 내 '기타 스포츠 교육기관'(업종 코드: 85719)으로 등록하는 게 맞아요. 2011년도에 제가 처음 등록할 땐 업종 분류가 애매해 '서비스업'으로 했지만, 요즘은 교육서비스업이 세분화되어 훨씬 명확해졌어요.

Q2. 창업 전 강사 활동 시 어떤 부분에 신경 써야 할까요?

다년간 요가원을 운영하며, 강사 시절의 경험이 요가원 창업의 든든한 토대가 됐음을 깨달았습니다. 요가원 창업을 꿈꾸는 강사님들께, 그 시간을 어떻게 보내야 할지 나누고 싶습니다. 강사 시절의 한 걸음 한 걸음이 여러분의 요가원을 빛내줄 씨앗입니다.

첫째, 다양한 환경에서 수업 경험을 쌓으세요. 저는 초창기에 문화센터, 병원, 공공기관, 대학교 기숙사에서 수업하며 학생부터 직장인, 시니어까지 다양한 회원님들을 만났습니다. 체형교정요가를 가르치며 허리 통증이 줄거나 어깨가 부드러워진 변화를 관찰할 때, 몸을 읽고 피드백하는 능력이 자랐죠. 예를 들어, "오늘 코어 움직임이 더 안정적이시네요" 같은 피드백은 회원님의 동기를 북돋우고, 제 실력도 키워주었어요. 경험은 실력의 가장 큰 스승입니다.

둘째, 나만의 방향성과 맞는 곳에서 성장하세요. 전문성을 살리려면, 강사 교육이나 스터디가 활발한 요가원을 선택하세요. 저는 동료들과 해부학, 요가 철학을 나누던 곳에서 수업의 뿌리를 다졌습니다. 이런 환경은 단순히 수업을 넘어서 창업의 비전을 키워줍니다. 여러분의 요가 철학과 수업의 방향성을 명확히 하고, 이를 실천할 수 있는 곳에서 일해보세요.

셋째, 운영의 일부를 미리 경험하세요. 요가원을 열면 수업 외에도 회원 상담, 출결 관리, 재등록 안내 같은 일이 많습니다. 저는 공공기관 새벽 수업에서 출석 체크, 명절 문자 인사, 개근 회원에게 소소한 선물을 드리며 신뢰를 쌓았어요. 대학교 수업에선 작은 이벤트를 열어 참여율을 높였고, 그 인연이 나중에 저희 요가원 회원으로 이어지기도 했죠. 이런 소소한 경험이 창업 후 운영의 감을 익히는 데 큰 도움이 됐습니다.

마지막으로, 회원님과의 관계를 소중히 하세요. 수업 후 눈을 마주치며 "어깨가 훨씬 가벼워지셨어요"와 같은 한마디는 신뢰를 쌓고, 회원님을 요가에 더 몰입하게 합니다. 저희 요가원에서 7년간 수업하던 강사님이 창업했을 때, 회원님들이 요가원까지 찾아가 응원해 주시던 모습이 아직 생생해요. 회원님들과 진심을 담은 소통으로 관계를 잘 이어오던 강사님이었거든요. 지금 만나는 회원님들이 여러분의 요가원을 채워줄 미래의 인연입니다.

강사 시절, 무리한 조건은 피하며 열정을 지키세요. 저도 왕복 3시간 거리의 수업을 했지만, 그 경험은 값졌어도 지금 생각하면 균형이 필요했다고 느껴요. 요가로 누군가의 삶을 바꾸는 기쁨을 느끼며, 지금의 시간을 소중히 보내세요. 그 한 걸음이 창업의 든든한 시작이 될 거예요.

Q3. 창업 전에 어느 정도의 경험이 필요할까요?

　많은 분들이 처음 창업을 생각할 때 궁금해하시는 질문 중 하나죠. 저도 이제 와서 돌이켜보면, 프리랜서 강사로 보낸 7년이 창업의 든든한 토대였음을 깨닫습니다. 다만 그 시절에는 '창업'이라는 단어조차 크게 마음에 두지 않았던 것 같아요. 그때는 수업 자체가 너무 즐거웠거든요. 요가원 창업을 꿈꾸는 분들께, 강사 시절 어떤 경험을 쌓아야 할지, 제 이야기를 통해 나누고 싶습니다. 그 시간은 단순히 수업을 넘어서, 사람과 소통하며 요가원의 심장을 준비하는 여정이었습니다.

　강사 초창기, 저는 새벽부터 밤까지 하루 7~8타임 수업하며 문화센터, 병원, 대학교를 오갔습니다. 스마트폰이 없던 시절, 버스나 전철에서 책을 읽으며 수업을 준비하던 시간은 소중했죠. 다양한 환경에서 만난 회원님들(허리 통증이 있는 직장인, 유연성을 찾는 시니어)의 체형과 움직임을 관찰하며, 다양한 피드백을 통하여 경험을 쌓았어요. 처음엔 낯선 프로그램도 가르쳤지만, 그 과정에서 몸의 변화를 깊이 이해했고, 이는 체형교정요가 강의의 뿌리가 됐습니다. 처음에는 나와 맞지 않는다고 느껴 피하고 싶었던 경험들도 있었죠. 하지만 시간이 지나면서 알게 된 건, 그런 수업들 속에서도 반드시 배울 점이 있다는 것이에요. 그 과정에서 몸의 변화를 깊이 이해했고, 이는 체형교정요가 강의의 뿌리가 됐습니다. 모든 경험이 완벽할 필요는 없습니다. 중요한 건 그 안에서 배우는 유연한 대처와 소통 능력입니다.

예전에 지인의 소개로 몇 년간, 개인적으로 선호하지 않던 프로그램을 지도한 적이 있어요. 지도를 하면서 스스로 혼란도 왔지만, 오히려 그 경험 덕분에 우리 몸의 변화와 흐름을 더 깊이 이해하게 되었어요. 그때 쌓은 이해와 경험을 요가생리학에 적용하여 현재까지도 이를 교육에 활용하고 있습니다. 돌이켜보면, 모든 경험은 반드시 '좋은' 것일 필요는 없지만, 그 안에서 얻는 '배움'은 결국 내 것이 되더라고요.

강사 경험이 필수라고 딱 잘라 말할 순 없어요. 제 제자 중 요가자격증 취득 직후 요가원을 열어 2호점까지 잘 운영 중인 분도 있습니다. 그 원동력은 운영에 대한 감각이었죠. 회원 상담, 이벤트 기획 같은 부분의 노하우는 이전 직장에서 쌓은 경험과 책임감에서 온 것 같더라고요. 강사 경험이 없더라도, 10년간 회원으로 요가를 꾸준히 수련해 오며 "회원의 마음을 누구보다 잘 안다"는 한 원장님의 말처럼, 오랜 수련의 시간 역시 요가 지도에 있어 큰 자산이 될 수 있습니다. 요가를 가르치며 회원의 미세한 변화를 읽는 눈은, 수업이든 수련이든 꾸준한 관찰에서 길러집니다.

결국, 창업 전 중요한 건 사람과의 소통입니다. 수업에 자신 있다면 강사로 경험을 쌓고, 운영에 강점이 있다면 그 역량을 키우세요. 저는 강사 시절 회원님들과의 작은 대화, 소소한 이벤트로 신뢰를 쌓았고, 이는 요가원의 따뜻한 분위기로 이어졌습니다. 요가원은 수업과 운영의 균형, 그리고 진심 어린 소통으로 만들어집니다. 여러분의 경험 속에서 사람과 연결되는 힘을 키우세요. 그게 요가로 삶을 바꾸는 요가원을 오래 이어가는 비결입니다. 그래서 저는 요가원 창업을 고민하는 분들께 이렇게 말씀드리고 싶어요.

"강사로서의 경험이든, 운영자로서의 경험이든, 결국 중요한 건 사람과 진심으로 소통하는 힘이에요. 그 힘을 기르는 데 집중하세요. 그게 요가원을 오래, 따뜻하게 이어가는 가장 확실한 길이에요."

Q4. 창업 전 꼭 경험해 보아야 할 것이 있나요?

"내가 정말 잘 해낼 수 있을까?", "막상 운영을 시작하면 어떤 일들이 벌어질까?" 이런 막연한 걱정은 사실 너무나 자연스러운 감정이에요. 아무리 계획을 세우고 준비를 잘했다고 해도 현장에서 직접 부딪혀보지 않으면 알 수 없는 것들이 정말 많거든요. 그래서 저는 요가원 창업을 꿈꾸는 분들께 항상 이렇게 말씀드려요.

"운영은 몸으로 먼저 겪어보는 거예요."

다행히 요가원 운영을 미리 경험해 볼 수 있는 현실적인 방법들이 있어요. 요가지도자 자격증이 있다면, 프리랜서나 전임 강사로 수업을 맡아보세요. 저도 강사 시절 프리랜서로 다양한 곳을 오가기도 했고, 요가원에서는 오전이나 저녁 전임강사로 근무하며 수업을 했어요. 꾸준히 수련하시는 회원님들의 변화를 경험하며 피드백을 주고 받고 함께 성장했죠. 이는 단순히 수업 기술을 넘어서 회원 상담, 등록 안내, 불만 대응 같은 운영의 기본을 익히는 시간입니다. 예약 시스템, 결제 프로세스, 회원 응대 방식을 눈여겨 보세요. 이런 리얼한 상황들이 창업 후 마주할 일상이에요. 예를 들어,

회원님의 불편을 세심히 듣고 해결했던 경험이 나중에 요가원의 따뜻한 분위기를 만듭니다.

==작은 공간을 빌려 미니 클래스를 열어보는 것도 강력하게 추천합니다. 커뮤니티 센터나 공유 공간에서 친구, 지인을 초대해 나만의 요가 클래스를 운영해 보세요.== 수업 구성, 홍보, 피드백까지, 마치 작은 요가원을 운영하는 듯한 경험을 할 수 있습니다. 저는 소규모 수업에서 회원님들의 반응을 읽고, 느낄 수 있는 것들이 많았어요. 인스타그램이나 블로그로 홍보를 시작하면 창업 후 온라인 관리를 쉽게 할 수 있습니다. 한 원장님이 블로그 운영 경험이 없어 창업 초기에 애를 먹었다던 이야기가 떠오르네요. 강사시절부터 나만의 정체성을 담은 블로그를 조금씩 운영해보는 것을 추천해 드려요.

자격증이 없어도 요가원의 흐름을 배울 기회는 많습니다. 프론트 데스크나 매니저 보조로 일하며 오픈 준비, 정산, 청소, 회원 응대를 경험해 보세요. 저는 강사 초기 한 요가원에서 보조로 일하며 회원님들의 작은 불편을 챙기는 법을 배웠어요. 세심한 관찰이 중요한 요가 수업에선, 이런 소소한 업무가 요가원의 분위기를 좌우하죠. 운영의 감각을 익히면 창업 후 훨씬 수월해집니다.

프랜차이즈를 고려한다면, 브랜드 설명회나 현장 체험 프로그램에 참여해 운영 방식이 나와 맞는지 확인하세요. 요가 지도자 과정의 현장 실습도 큰 도움이 됩니다. 저희 요가원에서 지도자 과정 졸업생들이 보조 수업을 하며 "내가 수업을 할 수 있을까?"라는 두려움을 이겨내고 자신감을 키웠어요. 다양한 연령대, 10대부터 70대까지 회원님들과 소통하며 요가로 삶을 바꾸는 기쁨을 느꼈죠. 다양한 경험으로 키워진 소통 능력은 미래의 요가원 운영에 큰 힘이 될 거예요.

요가원 운영 선배들과의 대화도 큰 자산이에요. 요가 커뮤니티에서 "어려운 회원은 이렇게 대응하세요" 같은 실전 팁을 얻었죠. 이런 멘토링은 창업의 막연함을 현실로 바꿉니다. 창업 전, 여러 요가원에서 강사든 보조든, 소규모 클래스든, 사람과 연결되는 경험을 쌓으면 두려움이 자신감으로 바뀝니다. 그 시간이 따뜻한 요가원을 만드는 첫걸음이 될 거예요. 결국, 바로 창업을 하지 않더라도, 이렇게 조금씩 발을 담그며 '내가 정말 하고 싶은 건지', '어떤 방식이 나에게 맞는지'를 미리 확인해 보는 게 정말 중요해요.

저는 이렇게 말하고 싶어요.

"요가원을 창업하기 전에, 요가원을 먼저 경험해 보세요."

그러면 분명히, 막연했던 창업이 조금 더 현실감 있게 다가올 거예요. 그리고 어느 순간, '이제는 내가 운영할 수 있겠다'는 확신이 생기게 될 거예요.

Q5. 창업 교육을 받는 것이 좋을까요?

저는 다시 창업 전으로 돌아간다면 초기에 창업 교육을 받는 데에 시간과 비용을 투자할 것 같아요.

처음 요가원을 인수했을 때, 저는 경황없는 나날을 보냈습니다. 기존 요가원을 이어받아야 했기에, 당장 수업과 회원 응대에 집중하느라 창업 교육은 뒷전이었어요. 요가로 회원님들의 자세를 바로잡으며 보람을 느꼈지만, 시간이 지나며 깨달았죠. 요가원은 수업 역량뿐 아니라 재무, 마케팅, 세무, 고객 관리, 리스크 대응까지 아우르는 복합적인 비즈니스라는 걸요. 특히 1인 창업이 많은 요가원 업계에선 운영자가 강사이자 마케터, 상담가, 전략가의 역할을 모두 해내야 합니다. 처음에는 감으로 처리할 수 있을 것 같지만, 시간이 갈수록 그 부족한 '기본기'는 운영의 부담으로 돌아온다는 것을 알게 됐습니다.

창업 교육은 이런 기본기를 다지는 소중한 기회입니다. 요즘은 소상공인시장진흥공단, 창업진흥원, 지방자치단체에서 무료로 제공하는 실전 중심 교육이 많아요. 상권 분석, 사업자 등록, 세금 신고, 온라인 마케팅, 브랜딩 같은 주제는 차별화된 전문성을 강조하는 요가원을 운영할 때 특히 유용하죠. 예를 들어, 비용 구조를 명확히 이해하면 수강권 가격을 전략적으로 설정할 수 있고, 마케팅 계획을 세우면 회원 유치가 한결 수월해집니다. 저는 이런 교육 없이 시행착오로 요가원 운영을 배웠습니다. 그러다 보니 현실적인 문제에 부딪힐 때마다 정체되는 것을 느꼈고, 감정적으로도 지치는 일이 많았습니다. 반면, 창업 교육을 받은 지인은 체계적으로 요가원을 운영하며 안정적인 성장을 이뤘고, 전략적으로 요가원을 이끌어가는 모습이 인상 깊었습니다.

요가는 수련으로서 깊고 아름다운 길이지만, 요가원을 운영하는 건 또 다른 도전입니다. 요가는 회원님의 몸과 마음을 세심히 살피는 작업이기에, 운영 또한 그만큼 정교해야 하죠. 교육을 통해 사업자 등록부터 세무 처리까지 전 과정을 익히면, 창업 초기부터 효율적인 운영이 가능합니다. 또, 교육 과정에서 만난 실전 팁은 현장에서 큰 힘이 됩니다.

==창업 교육은 시간과 노력을 투자할 가치가 충분해요. 저처럼 부딪히며 배우는 것도 의미 있지만, 교육을 통해 미리 준비한다면 더 자신감 있게 요가원을 열 수 있을 거예요.== 그 길을 오래 걸어가고 싶다면, 좋은 수련자이기 이전에 '준비된 운영자'가 될 필요가 있습니다.

Q6. 요가원 대표가 꼭 자격증이 있어야 할까요?

결론부터 말하자면, 요가 지도자 자격증 없이도 요가원을 운영하는 건 법적으로 가능합니다. 실제로 원장이 직접 수업을 하지 않고, 강사들을 채용해 운영만 맡는 형태로 요가원을 운영하는 사례도 있습니다. 요가를 사랑하지만 강의보다는 공간 운영이나 기획, 마케팅에 더 관심이 많은 분들에겐 매력적인 방식일 수 있죠.

실제로 예전에 요가에 깊은 관심이 있지만 자격증 없이 요가원을 창업하고 싶다는 분의 상담을 받은 적이 있습니다. 본인은 운영과 마케팅에 집중하고, 수업은 전문 강사들이 맡는 구조를 구상하고 계셨죠. 또 다른 분은 헬스장과 필라테스를 운영했던 경험을 바탕으로, 요가를 하나의 라이프스타일 브랜드로 확장하고자 요가원을 열었고, 강사진 팀을 구성해 운영의 방향성을 잡아갔습니다.

이처럼 자격증 없이도 요가원 운영은 가능하지만, 할 수 있다와 추천할 만하다는 또 다른 이야기입니다. 운영이란 단순히 관리와 수익 계산을 넘어 강사와 회원 사이에서 또는 강사들 사이에서 조율해야 할 일이 생기고, 수업 방향이나 프로그램 구성, 심지어 강사의 지도 스타일에 대해서도 피드백을 주고받아야 할 일이 생깁니다. 이 과정에서 운영자가 요가에 대한 기본적인 이해나 수련 경험이 없다면, 대화나 결정의 깊이가 얕아지고 소통의 균열이 생기기 쉬워요.

그래서 자격증이 없더라도 운영자는 최소한 꾸준한 요가 수련 경험과 요가 철학에 대한 이해를 갖추는 것이 중요합니다. 수련자 입장에서 요가원을 창업한 한 대표님이 계셨어요. 강사는 아니었지만 10년 이상 꾸준히 수련해 온 경험을 바탕으로 공간의 색깔을 잘 유지하고, 회원과 강사 모두가 신뢰할 수 있는 운영을 해내시더라고요. 그분 역시 운영 중 요가에 대한 더 깊은 이해가 필요하다는 걸 느껴 결국 직접 자격증 과정을 수료하셨죠. "자격증이 꼭 필요하지는 않았지만, 결국 공부하게 되더라고요"라고 하시던 기억이 나네요.

실제로 가장 흔한 사례는 요가 강사로 활동하다가 요가원을 창업하는 경우입니다. 이 경우엔 수업 구성과 회원 소통, 강사 채용까지 모든 면에서 큰 강점을 가지게 돼요. 무엇보다 요가라는 철학에 기반한 공간을 만들어간다는 자부심이 든든히 자리 잡고 있죠. 그 공간 안에 담긴 에너지는 단순한 경영 마인드만으로는 만들 수 없는 것입니다. 요가 수련 경험이 풍부한 운영자는 단순한 경영 그 이상으로, 공간 자체에 온기와 방향성을 불어넣을 수 있습니다.

그래서 자격증 유무보다 중요한 건 '운영자가 요가를 얼마나 이해하고 존중하는지, 그리고 그 공간이 어떤 철학과 방향성을 가지고 운영되는가'라고 생각해요. 전문 경영처럼 요가원 운영에 접근할 때도 요가에 대한 철학적 이해와 실질적인 수련 경험은 공간을 오래도록 건강하게 지켜갈 수 있는 큰 힘이 될 거예요. 자격증 없이도 요가원 운영은 충분히 가능하지만, 요가에 대한 진심이 없다면 회원이나 강사들과의 관계에서 신뢰를 얻기 어렵고, 장기적으로는 공간이 방향성을 잃고 흔들릴 수 있습니다.

만약 내가 요가를 좋아하고, 요가가 사람들의 삶을 변화시킬 수 있다고 믿는다면, 운영만이 아니라 스스로도 수련해 보고, 요가 철학을 이해하려는 노력을 시작해 보세요. 그 경험이 곧 요가원이 사람들에게 진심으로 다가갈 수 있는 가장 든든한 뿌리가 될 것입니다.

Q7. 요가 철학, 꼭 알아야 할까요?

요가의 본질은 동작(아사나) 그 너머에 있습니다. 요가는 집중, 호흡, 비움, 관찰과 같은 정신적인 훈련을 포함합니다. 예를 들어, 체형교정 동작을 안내하면서 "호흡에 집중하며 어깨를 내려놓으세요"라고 말할 때, 수련자는 단순히 근육만 이완하는 것이 아니라, 내면의 긴장과 불안도 함께 내려놓게 됩니다. 요가의 철학은 바로 이런 수련의 본질을 이해하게 해줍니다. 만약 요가 철학 없이 오직 동작만 반복한다면, 요가는 줄기만 무성한 나무처럼 처음엔 그럴듯해 보일 수 있지만, 시간이 지나면 허전함이나 조급함이 남을 수 있습니다. 수련 후에도 마음이 편안하지 않거나, 변화가 일시적이라 느껴진다면, 어쩌면 요가의 철학이 빠져 있었기 때문일지도 모릅니다.

지도자로서 요가 철학은 수업을 안내하는 태도와 말투에 자연스럽게 스며듭니다. 저 역시 요가를 지도하면서 회원님의 미세한 변화를 관찰하고, "골반의 균형이 좋아지셨네요"와 같은 피드백을 자주 드립니다. 이는 단순히 동작의 정확성을 평가하는 것이 아니라, 수련자가 스스로 몸과 마음을 있는 그대로 받아들이고, 비판 없이 수용하는 요가의 가치를 전하는 일입니다. 요가 철학은 지도자가 회원님과 소통하는 방식, 그들의 반응을 존중하는 태도를 만들어줍니다. 이런 태도는 수련자뿐 아니라 지도자의 일상에도 영향을 미쳐 삶을 더 부드럽고 단단하게 변화시킵니다.

운영자의 입장에서도 요가 철학은 중요한 나침반이 됩니다. 요가원 운영은 단순히 수업을 배치하고 공간을 관리하는 것 이상의 일입니다. 어떤 분위기를 만들고, 어떤 가치를 추구할지, 위기 상황에서 방향을 잃지 않으려면 철학적 뿌리가 필요합니다. 저 역시 요가원을 운영하며 '존중과 성장의 공동체'를 만들고자 했습니다. 직원이나 강사와의 관계에서 수평적인 소통을 추구했고, 갈등 상황에서는 요가의 비폭력(아힘사) 원칙을 적용하려 노력했습니다. 이런 철학적 태도는 회원님들에게도 따뜻하고 신뢰할 수 있는 분위기로 전달되기를 바랐습니다. 만약 ==운영에 철학이 없다면, 요가원은 나침반 없는 항해처럼 흔들릴 수밖에 없습니다.==

요가 철학은 단순한 지식이 아니라, 실천의 도구입니다. 요가로 회원님의 삶을 바꾸고, 요가원을 지속 가능하게 운영하려면 철학은 필수입니다. 수련자, 지도자, 운영자 모두에게 '왜 이 길을 걷는가'를 잊지 않게 해주는 중심축이 바로 요가 철학입니다.

Q8. 다양한 요가 스타일을 경험해야 할까요?

　요가원 창업을 준비하면서, "내가 꼭 다양한 요가 스타일을 경험해 봐야 할까?"라는 질문을 할 수 있어요. 결론부터 말씀드리면, 이 질문에는 정답이 하나만 있는 것이 아니라, 두 가지 방향 모두에서 의미가 있다고 생각합니다.

　어떤 분은 다양한 요가 스타일을 경험하며 자신에게 맞는 길을 찾고, 또 어떤 분은 한 가지 스타일을 깊이 있게 파고들며 자신만의 색깔을 만들어갑니다. 이건 결국, 내가 지금 어느 정도 방향성을 찾았는지에 따라 달라집니다. 여러 수업을 들어보는 과정 자체가 내가 만들고 싶은 요가원의 방향을 찾아가는 여정이기도 하니까요.

　요즘 요가 시장을 보면, 확실히 몸의 움직임 중심인 수업들이 많아요. 현대의 요가는 몸 수련에 집중되어 있다 보니 대부분의 요가원은 아사나, 즉 몸을 움직이는 수련 중심의 수업들이 많은데요. 유연성을 기르고, 근육을 단련하거나 교정하는 요가들이 대표적이죠. 특히 도심 속에서 바쁘게 살아가며 땀 흘리고 개운해지는 느낌을 선호하다 보니, 파워 요가나 빈야사 요가처럼 에너지 있는 스타일이 여전히 인기가 많아요.

하지만 요가는 본래 몸만을 위한 운동이 아닙니다. 호흡을 가다듬고, 마음을 바라보며, 내면의 균형을 찾는 것이 요가의 본질입니다. 최근에는 스트레스와 번아웃을 겪는 분들이 많아지면서 명상, 요가 니드라, 프라나야마와 같은 조용한 수업에 대한 관심도 커지고 있습니다. 마음을 다스리고, 내 삶에 평화를 가져오는 요가가 점점 더 필요해지는 시대입니다.

==이런 변화 속에서 창업을 준비하는 분이라면 다양한 스타일을 직접 경험해보는 것이 정말 중요합니다.== 어떤 스타일이 어떤 회원님들과 잘 맞는지, 수업의 흐름은 어떻게 구성되는지, 수련자로서 느끼는 감각은 어떤지 직접 느껴보는 것만으로도 수업 기획, 강사 섭외, 마케팅 콘셉트까지 연결되는 데 큰 도움이 됩니다. 창업 전이나 초기는 시행착오를 허용할 수 있는 시기이니, 마음껏 실험하고 비교해 보는 경험도 해보시길 바랍니다.

다양한 경험을 하다 보면, '아, 나는 이런 요가가 정말 좋더라' 하는 자기 취향과 방향성도 명확해집니다. 결국 내가 가장 잘 알고 좋아하는 요가가 내 요가원의 색깔이 되니까요. 하타요가의 기초와 호흡의 조화, 빈야사의 흐름과 수업 구성, 명상 수업의 분위기와 언어까지, 이런 경험들은 모두 내 요가원의 수업과 운영에 기준이 되어줍니다.

하지만 꼭 많은 스타일을 경험하지 않았다고 해서 부족한 건 아닙니다. 저 역시 요가를 하며 오랜 허리디스크로 고생했고, 그 과정에서 체형교정, 재활요가에 깊이 빠져들었습니다. 내 몸에 직접 적용하고 효과를 느끼면서, 그 경험을 바탕으로 요가 프로그램을 만들었습니다. 결국 한 가지 스타일만으로도 충분히 매력적이고, 우리 요가원만의 색깔을 확실히 보여줄 수 있었습니다.

그래서 저는 이렇게 생각합니다. 꼭 많은 스타일을 경험해야 한다기보다, 내가 진심으로 좋아하고, 잘할 수 있고, 오래 함께할 수 있는 스타일 하나만 있어도 충분합니다. 그 하나를 깊이 있게 익히고, 나만의 언어로 풀어낼 수 있다면 그것이 바로 가장 강력한 전문성입니다.

만약 "내가 해본 건 많지 않지만, 이 요가가 정말 좋아"라고 느끼신다면, 그 감각을 믿으셔도 좋습니다. 그건 몸과 마음이 진짜로 반응한 결과니까요. 여러분의 요가 여정에 따뜻한 응원을 보냅니다.

Q9. 룰 모델 요가원에서 무엇을 봐야 하나요?

"성공한 요가원을 따라 하면 나도 잘될 수 있을까?" 많은 분들이 '롤 모델'이 될 만한 요가원을 찾아 직접 방문해 보곤 하죠.

다른 요가원을 벤치마킹할 때는 단순히 겉모습만 보고 따라 하기보다는, 그 요가원이 가진 본질적인 강점과 운영 방식을 깊이 관찰하고 자신만의 방식으로 해석하는 것이 중요합니다. 먼저, 수업의 흐름과 구성을 주의 깊게 살펴보세요. 직접 수업에 참여하거나, 수업 전후의 분위기, 음악, 조명, 강사의 목소리와 태도, 소도구 활용 등을 관찰하면 그 공간이 어떻게 몰입도를 높이고 있는지 알수 있습니다. 이런 경험은 내가 창업 후 만들고 싶은 수업 분위기를 구체적으로 그려보는 데 큰 도움이 됩니다.

또한 회원과의 소통 방식도 중요한 관찰 포인트입니다. 데스크에서의 응대, 신규 회원을 맞이하는 태도, 회원의 질문이나 불편에 대한 대응을 보면 그 요가원이 회원 경험을 어떻게 설계하고 있는지 파악할 수 있습니다. 이런 관찰을 통해 '나도 이렇게 응대하고 싶다' 혹은 '이건 내 스타일이 아니다'와 같은 기준이 생기고, 나만의 서비스 철학을 세우는 데 도움이 됩니다.

수련 공간의 분위기와 동선, 구조 역시 꼼꼼히 살펴보세요. 스튜디오 내부의 색감, 매트 배치, 거울과 창의 활용, 라커룸과 대기 공간 등은 공간의 실용성과 감성을 동시에 느끼게 해줍니다. 조용하고 사적인 느낌이 좋은지, 밝고 소통이 활발한 분위기가 좋은지는 내가 만들고 싶은 요가원의 정체성과도 연결됩니다.

온라인 콘텐츠와 마케팅도 체크해야 합니다. 홈페이지, 블로그, 인스타그램 등 온라인 채널을 통해 요가원이 어떤 톤으로 소통하고, 수업 설명이나 강사 소개를 어떻게 구성하는지, 이미지와 영상이 어떤 감성을 전달하는지 살펴보세요. 이는 단순한 홍보 차원을 넘어, 요가원이 추구하는 브랜드의 방향성과 문화를 확인하는 과정입니다.

==무엇보다, 그 공간에서 직접 느낀 감정을 소중히 여기세요. 공간에 들어섰을 때의 첫인상, 수업을 마쳤을 때의 여운, 수련 중 가슴이 뛰던 순간을 기록해 두세요. "이런 요가원을 만들고 싶다"는 마음이 왜 생겼는지, 그 감정의 출발점을 기억하는 것이 중요합니다. 내가 진심으로 좋았던 점들을 내 요가원에 녹여내는 것이야말로, 누구도 흉내 낼 수 없는 진정성 있는 공간을 만드는 길입니다.==

모든 것을 완벽하게 알 수는 없지만, 이 몇 가지 포인트만 기억하고 방문해도 훨씬 의미 있는 벤치마킹이 될 것입니다. 성공한 요가원을 무작정 따라 하기보다는, 그 안에서 내가 좋아한 이유를 분석하고, 나만의 방식으로 재해석하는 것이 중요합니다. 롤 모델은 참고하는 것이지 복제하는 것이 아니니까요. 내가 본받고 싶은 요가원의 흐름과 분위기, 철학과 시스템을 꼼꼼히 관찰하고, 내 경험과 감각을 더해 나만의 요가원으로 발전시켜 보세요. 그렇게 쌓인 경험과 감정이 결국 내 요가원의 진짜 색깔이 되어줄 것입니다.

Q10. 회원들과 자연스럽게 소통하는 방법이 있을까요?

저는 요가 수업을 단순히 아사나(자세)를 알려주는 시간이 아니라, 사람과 사람 사이의 에너지가 오가는 소중한 만남이라고 생각해요. 그래서 수업을 잘 이끄는 능력만큼이나 회원들과의 '소통'이 정말 중요하다고 느껴왔어요. 하지만 처음부터 자연스럽게 다가가고, 편하게 대화하는 사람은 많지 않습니다. 저 역시도 그랬습니다. 원래는 타인에게 먼저 말을 거는 것이 익숙하지 않았고, 누군가에게 다가가는 일이 어색하고 어렵게 느껴졌죠.

하지만 요가원을 운영하면서 조금씩 마음이 달라졌습니다. 수업이 끝난 뒤 회원들이 조용히 돌아가는 모습을 보면서 '오늘 수업이 괜찮았을까?', '혹시 불편한 점은 없으셨을까?' 하는 생각이 들었고, 그 마음이 어느 순간 '말을 걸어보자'는 작은 용기로 바뀌었습니다. 처음엔 단순히 수업에 대한 피드백이 궁금해서 시작한 대화였지만, 점차 회원들과의 소통이 요가원 분위기를 바꾸고, 신뢰를 쌓는 데 큰 힘이 된다는 걸 알게 되었어요.

==소통을 시작하는 방법이 어렵게 느껴진다면, 아주 작은 것부==

터 시작해도 괜찮아요. 예를 들어, "오늘 컨디션은 어떠세요?", "지난번 수업 이후에 불편하셨던 점은 없으셨어요?", "이 자세에서는 느낌이 어떤가요?"처럼 자연스럽고 부담 없는 질문을 건네보세요. 특히 몸에 관한 관심은 요가 수련자라면 누구나 반가워하는 주제입니다. 이때 중요한 것은 평가가 아니라 '관찰'의 언어를 사용하는 것입니다. "오늘은 골반이 오른쪽으로 더 열리는 느낌이 있으시네요. 혹시 최근에 한쪽으로 무게가 실리는 생활을 하셨나요?"처럼, 몸의 변화를 섬세하게 피드백하며 관심을 표현하면 회원들도 자연스럽게 마음을 열게 됩니다.

물론 모든 분이 대화를 좋아하는 것은 아닙니다. 조용히 수련만 하고 싶은 분들도 계시죠. 그런 경우에는 굳이 말을 많이 걸기보다는, '관심을 가지고 지켜보고 있다'는 따뜻한 시선만으로도 충분합니다. 소통이란 결국 정보를 주고받는 것이 아니라, 온기를 나누는 일이라고 생각합니다.

요가원에서의 소통에 특별한 기술이 필요한 것은 아닙니다. 가장 중요한 것은 내가 진심으로 회원을 궁금해하고 있다는 마음입니다. 누군가가 내 몸 상태를 살펴봐 주고, 그에 맞는 수업을 함께 고민해 주는 느낌을 주면, 그 순간부터 깊은 신뢰가 쌓이기 시작합니다. 그리고 어느 순간, 회원님들 쪽에서도 먼저 다가와 질문하고, 이야기를 나누는 변화가 생깁니다. 이것은 잘 가르쳐서가 아니라, 잘 소통했기 때문에 생기는 변화입니다.

결국, 소통의 시작은 나 자신과의 소통에서 비롯됩니다. 요가가 우리에게 알려주는 가장 중요한 것 중 하나가 바로 '나와 연결되는 시간'이죠. 나 스스로에게 자주 질문하고, 내 감정을 살피고, 내 몸을 돌보는 데 익숙해질수록, 다른 사람의 상태도 자연스럽게 보이기 시작합니다. 그래서 회원과의 대화가 어렵게 느껴질 때는 오히려 명상이나 자기 수련을 더 깊이 해보는 것도 좋은 방법입니다. 내 안의 여유가 커질수록, 그 여유가 타인에게도 고스란히 전해지니까요.

처음엔 어색하고, 말 한마디 꺼내는 것도 긴장될 수 있습니다. 하지만 회원을 향한 진심 어린 관심과 따뜻한 마음을 담아, 조금씩 말을 건네보세요. "오늘은 어떻게 지내셨어요?"라는 작은 인사가 누군가의 하루를 바꾸고, 요가원에 대한 인상을 완전히 달라지게 할 수도 있습니다. 어쩌면 수업이 끝난 후 진짜 요가는 그때부터 시작되는지도 몰라요.

Q11. 요가원 창업 전 어느 정도 공부해야 할까요?

"선생님, 제가 고관절이 좀 안 좋은데 이 동작을 해도 괜찮을까요?"

"왜 저는 이 동작을 하면 다른 데가 아픈 걸까요?"

초보 강사 시절, 이런 질문들을 받을 때면 솔직히 머릿속이 하얘지곤 했어요. 책에서 배운 이론은 있었지만, 막상 눈앞의 회원님께 적용하는 건 또 다른 도전이었죠. 이런 순간들이 반복되자 요가를 더 안전하고 정확하게 전달하려면 재활과 몸의 움직임에 대한 깊은 이해가 필요함을 깨달았습니다. 이후 수업 전 회원님의 상태를 확인하고, 그 회원님 몸 특성에 맞게 변형 동작을 안내하는 습관을 들였습니다. 이 경험은 이론과 실전이 함께 성장해야 함을 알려주었습니다.

==창업을 꿈꾸며 "완벽히 준비되면 시작해야지"라고 생각하기 쉽지만, 공부에는 끝이 없습니다. 몇 년을 준비해도 부족함을 느낄 수 있죠. 저는 창업 전 공부의 기준을 이렇게 말씀드릴 수 있을 것 같아요. 수업을 자신감 있게 이끌고, 다양한 회원님을 마주할 준==

==비가 되어 있으며, 회원 관리까지 여유롭게 소화할 수 있는 정도면==
==충분하다고요.== 모든 답을 알 필요는 없습니다. 운영을 시작하면 예상치 못한 상황들이 쏟아지는데, 그때마다 부족한 부분을 채워가며 성장하면 됩니다.

회원님들이 몸의 통증이나 자세에 대해 질문하실 때, 우리가 모든 걸 전문적으로 진단할 수는 없어요. 그건 의사의 영역이니까요. 그러나 적어도 요가 강사로서 이해할 수 있는 기본적인 해부학 지식, 그리고 몸의 움직임에 대한 넓은 이해는 반드시 필요하겠지요.

하지만 이론만으로는 한계가 있습니다. 수업을 직접 이끌며 다양한 나이, 체형, 목적을 가진 회원님들을 만나야 이론이 살아납니다. 어떤 분은 유연성을, 또 다른 분은 통증 완화나 마음의 안정을 위해 요가를 시작하죠. 이런 니즈를 수업에 녹여내고, 적절한 언어와 분위기로 공간을 채우는 감각은 책이나 자격증만으로는 얻기 어렵습니다. 한 강사님은 초반에는 실전 경험 부족으로 회원들이 하는 질문에 답변하는 것을 주저했지만, 수업을 반복하며 자신감을 쌓아갔다고 해요.

실전 경험은 창업 전 최고의 공부입니다. 다양한 몸을 관찰하고, 회원님들의 피드백을 통해 배우는 과정은 이론을 현실로 연결합니다. 특히 강사 시절의 피드백은 소중합니다. 동료 강사, 회원님, 원장님의 조언은 수업의 약점을 보완하고 넓은 시야를 갖게 합니다. 하지만 요가원 원장이 되면 피드백 기회가 줄어들죠. 이런 경험은 창업 후 단단한 기준을 세우는 데 큰 힘이 될 거예요.

　창업 전 공부는 완벽함을 추구하는 게 아니라, 자신감을 다지는 과정입니다. 이론과 실전을 균형 있게 준비하는 것이 요가원 창업의 성공적인 방향이 아닐까 합니다.

Q12. 어떤 요가원을 만들고 싶나요?

    요가 강사 생활을 하며 그리고 지금까지도 상담 시 가장 많이 듣는 말 중 하나가 있어요. "저는 예전에 요가를 하다가 저만 못 따라가는 것 같아서 그만뒀어요."

    이 말은 언제나 제 마음을 무겁게 했습니다. 요가가 누군가에게 좌절이나 부담으로 남았다는 사실이 안타까웠기 때문입니다. 사실 요가는 잘하는 사람이 따로 있는 게 아니라, 지금 내 몸의 상태를 있는 그대로 바라보고 그 안에서 균형을 찾아가는 과정이잖아요. 그런데 우리는 너무 오랫동안 '더 유연해야 해', '완성된 자세를 해야 해' 같은 기준에 익숙해져 있었던 거죠.

    한 상담에서 만난 회원님의 이야기가 아직도 생생합니다. 허리디스크로 인해 조심스럽게 걸음을 옮기시던 분이셨죠. 수련 초반에는 긴장한 표정으로 다른 회원들과 자신을 비교하며 "내가 못 따라가면 방해가 되지 않을까?"라며 걱정하곤 했습니다. 저는 단호히 말씀드렸습니다. "이곳에서는 각자의 속도로 움직이는 게 중요해요. 불편한 동작은 언제든 쉬어도 되고, 몸이 허락하는 만큼만 하시면 됩니다." 몇 주 후, 그분은 한결 편안한 얼굴로 매트를 깔고 앉으셨습니다. 자신의 호흡과 감각에 집중하면서 몸의 긴장이 풀렸고, 어느 날 조용히 말씀하셨죠. "요가가 이렇게 편안한 거였는지 몰랐어요." 그 한마디는 요가원의 존재 이유를 다시 생각하게 했습니다.

현대인의 삶은 크고 작은 통증과 함께합니다. 장시간 앉아 있는 습관, 반복되는 스트레스, 잘못된 자세는 근육과 관절에 부담을 주며 몸의 균형을 무너뜨립니다. 요가는 이런 현실 속에서 치유와 회복의 길을 열어줍니다. 하지만 요가를 '완벽한 아사나(자세)'에만 초점을 맞추면, 오히려 몸에 무리를 줄 수 있습니다. 정렬이 맞지 않은 상태로 무리하게 자세를 따라 하다 보면 부상 위험이 커지죠. 체형교정과 재활요가는 이런 점에서 다릅니다. 유연성이나 근력이 부족해도, 통증이 있어도, 지금의 몸을 존중하며 시작할 수 있는 수련입니다.

저는 '얼마나 잘하느냐'보다 '내 몸을 어떻게 대하느냐'를 우선시합니다. 억지로 움직임을 강요하지 않고, 몸이 허락하는 범위에서 감각을 되찾는 시간을 제공합니다. 한 회원님은 처음엔 뻣뻣한 몸 때문에 망설였지만, 몇 달 후 "내 몸을 처음으로 이해하게 됐어요"라며 미소를 지으셨습니다. 이런 순간들은 요가가 특정한 사람만을 위한 것이 아님을 보여줍니다. 오히려 요가원은 몸이 지치고, 마음이 어지러운 이들에게 가장 필요한 공간이어야 합니다.

제가 꿈꾸는 요가원은 누구나 자신을 있는 그대로 받아들일

수 있는 곳입니다. 유연하지 않아도, 자세가 완벽하지 않아도, 비교나 경쟁 없이 자신의 호흡과 움직임에 집중할 수 있는 공간이죠. 특히 "요가는 나와 맞지 않아"라고 느꼈던 분들이 다시 도전할 수 있는 곳이길 바랍니다. 누구든지 이곳에서 천천히 나를 이해하고, 나를 회복하고, 자기 자신과 친해지고 싶은 사람이라면 누구나 이 공간에서 요가를 시작할 수 있기를 바라요.

Q13. 요가원 운영과 수업, 혼자 다 할 수 있을까요?

요가원을 처음 시작하는 분들 중에는 '혼자서도 운영과 수업 모두 가능할까?'라는 고민을 하는 경우도 있어요. 실제로 혼자 모든 걸 해내며 요가원을 잘 운영하고 계신 원장님들도 많습니다. 저 역시 처음에는 외부 수업을 병행하면서 요가원을 시작했는데, 그 당시엔 외부 수업을 나갈 때 요가원을 맡아주실 선생님 한 분과 함께 시작하게 되었죠. 만약 외부 수업이 없었다면 저 혼자 모든 수업을 하며 시작했을지도 몰라요. 그리고 아마 곧 체력적으로 한계를 느꼈겠죠.

혼자 모든 수업을 한다는 건 분명 장점도 있습니다. 무엇보다 요가원의 방향성과 분위기를 내가 원하는 대로 이끌 수 있고, 수업의 질을 균일하게 유지할 수 있죠. 또 인건비가 들지 않기 때문에 운영 초기 고정비 부담도 줄일 수 있습니다. 하지만 현실은 그렇게 단순하지 않습니다. 수업 외에도 상담, 청소, 홍보, 예약 및 회원 관리 등 챙겨야 할 것이 한두 가지가 아니에요.

무엇보다 가장 큰 문제는 체력입니다. 요가 수련과 수업은 완전히 다른 에너지 소모를 필요로 합니다. 수련은 나를 위한 시간이지만, 수업은 내 에너지를 타인에게 전달하는 일이기에 훨씬 많은 정서적·신체적 소모가 따릅니다. 혼자 모든 타임을 책임질 경우, 갑자기 아프거나 개인 사정으로 수업을 못 하게 되었을 때 대체 인력이 없다는 점이 큰 리스크가 될 수 있어요. 휴강을 하게 되면 회원님들께 죄송한 마음이 들기도 하고, 자칫하면 신뢰를 잃을 수도 있습니다. 다행히 요즘은 원장님이 혼자 운영하신다는 걸 아시는 회원들이 많아 이해해 주시는 경우도 있지만, 결국 몸이 아프더라도 빨리 복귀해야 하는 건 원장의 몫이죠.

게다가 보통 수업은 오전과 저녁 타임으로 나뉘고, 그 사이 시간은 쉬는 시간이라기보단 운영과 상담, 행정 업무로 채워지기 쉽습니다. 즉, 하루 수업이 3타임이라고 해도 실제 워킹 타임은 아침부터 밤까지 이어지는 경우가 많고, 일반 직장인보다도 더 긴 근무시간이 될 수 있어요.

물론, 어떤 원장님은 "나는 수업을 많이 해도 전혀 힘들지 않다"고 하시기도 하더라고요. 수업이 곧 수련이 되고, 회원과의 소통이 에너지가 되는 분들도 계시죠. 이런 경우엔 혼자서도 요가원을 충분히 좋은 흐름으로 운영해 나갈 수 있습니다. 중요한 건, 자신의 체력과 성향, 라이프스타일을 잘 파악하고 무리하지 않는 선에서 운영의 방향을 잡는 것입니다.

저는 다행히 처음부터 믿을 수 있는 선생님을 만나 함께 시작할 수 있었고, 그 인연은 지금까지도 이어지고 있습니다. 그 경험 덕분에 '혼자 다 해야 한다'는 부담에서 조금은 벗어날 수 있었고, 요가원도 더 안정적으로 자리 잡을 수 있었죠.

혼자 운영과 수업을 병행하는 것이 물리적으로는 가능하지만, 지속 가능성은 철저한 자기 관리와 체력 안배에 달려 있습니다. 잠깐만 하고 그만둘 일이 아니라면 반드시 나에게 맞는 일의 양과 흐름을 설계하는 게 필요합니다. 요가 수업은 몸으로 하는 일이자 마음으로 나누는 일이기 때문에, 어느 순간 내가 소진되면 그 에너지는 고스란히 공간에도 스며들게 됩니다.

혼자서도 충분히 멋지게 할 수 있습니다. 다만, 그만큼 자신을 더 잘 돌보고, 장기적으로 운영이 지속 가능할 수 있도록 미리 여유와 대안을 설계해 두는 것, 그것이 더 중요하다는 걸 꼭 기억하셨으면 해요.

Q14. 강사는 몇 명 정도 구해야 하나요?

원장 혼자 모든 수업을 진행하는 경우도 있고, 반대로 오전·저녁 타임에 나눠 다양한 강사진과 함께 운영하는 곳도 있습니다. 결국 강사 수는 요가원의 수업 타임 수, 방향성, 그리고 운영자의 상황에 따라 달라집니다.

저 역시 처음에는 저와 한 명의 선생님, 단둘이 시작했어요. 이후 제가 운영과 교육 쪽에 더 집중하게 되면서 수업 타임을 점점 줄이게 되었고, 자연스럽게 강사님들을 한 분씩 더 모시게 되었죠. 특이한 점은, 우리 요가원의 모든 강사님은 제가 직접 양성한 요가 지도자 과정 출신이었다는 것입니다. 그러다 보니 대부분 수업 경험이 없는 초보 강사님들이었어요. 일반적으로는 외부에서 경력 있는 강사를 채용하는 게 더 나아 보일 수 있어요. 하지만 우리 요가원의 방향성은 단순한 운동이 아니라 교정과 테라피에 특화된 수업이었기 때문에, 수업 철학을 공유하고 함께 공부해 온 분들이 훨씬 더 잘 맞는다고 판단했어요.

이런 구조 덕분에 회원님들로부터 "어떻게 이렇게 좋은 선생님들만 잘 구하시냐"는 말을 자주 듣곤 했는데, 그건 결국 강사님들이 요가원의 특성을 알고 진심을 담아 수업하셨기 때문이라 생각해요. 그리고 저 역시 단순히 채용을 넘어 함께 방향성을 만들어간다는 마음으로 임했고요.

처음에는 강사님이 2명에서 3~4명으로 늘어나는 것만으로도 고민이 많았습니다. 수업의 분위기나 스타일이 너무 제각각으로 느껴지지 않을까, 회원들이 혼란스러워하지 않을까 걱정이 앞섰어요. 그러던 중 몇 년 전 출산을 앞두고 제가 빠질 타임들을 채워야 하는 상황이 생겼고, 그렇게 어느새 강사님이 훨씬 많아지게 되었습니다.

==사실 당시엔 '강사님의 수가 너무 많은 게 아닐까?' 싶었지만, 오히려 강사님이 늘어도 수업의 방향성을 잃지 않도록 함께 공부하고, 수업의 큰 틀을 공유해 나가는 과정이 중요하다는 걸 느끼게 되었어요.== 요가 수업은 단순히 매번 다른 내용을 가르치는 것이 아니라, 회원의 몸과 마음을 지속해서 관찰하고 관리해 주는 연속적인 작업이에요. 그러므로 강사 간의 소통과 정보 공유가 필수적입니다. 예를 들어 어제 한 회원이 어깨 통증을 이야기했는데, 다음 날 다른 선생님이 그 상황을 알고 동작을 조절해 주면 회원은 정말 감동받게 되죠. 그런 작은 부분에서 신뢰가 쌓이고, 요가원에 대한 만족감도 커집니다. 회원님들도 꾸준히 관리받고 본인의 수련이 향상되는 느낌을 받는 것이 중요하기 때문이에요.

여건이 된다면 3~4명의 강사님과 함께 안정적으로 운영하는 것이 가장 무난할 수 있지만, 상황에 따라 더 많아질 수도, 더 적을 수도 있습니다. 저처럼 상황이 부득이하다면 강사 수가 많더라도 제각각의 너무 다른 수업이 되지 않도록 전체적인 틀을 맞춰 진행하는 것이 필요해요. 중요한 건 숫자 자체보다는 강사들이 요가원의 철학을 얼마나 공유하고 있는가, 그리고 운영자가 그 팀의 흐름을 어떻게 잘 이끌어가고 있는가입니다.

강사님의 수가 많아질수록 소통은 더 어려워질 수 있지만, 정기적인 학습이나 수업 내용 공유, 운영 철학에 대한 지속적인 대화를 통해 요가원의 색깔을 유지하는 것이 무엇보다 중요해요. 결국 회원이 원하는 것은 운동이 아니라 나에게 맞는 요가이기 때문입니다.

Q15. 강사 채용 시 중요하게 봐야 할 점은 어떤 것일까요?

요가원 운영을 하면서 강사님을 채용하는 일은 생각보다 자주 마주하게 되는 중요한 일인데요. 그럴 때마다 '어떤 분을 모셔야 할까?', '무엇을 기준으로 판단해야 할까?'라는 고민은 항상 따라붙습니다. 저 역시 여러 강사님과 함께해 오면서 많은 경험을 했고, 시간이 지날수록 한 가지 확신하게 된 기준이 있습니다. 그것은 사람 자체를 본다는 것입니다.

저는 수업 경력이나 뛰어난 수업 기술보다 그 사람이 가진 마음가짐과 태도, 그리고 사람에 대한 따뜻함을 더 중요하게 생각해요. 기술은 가르치고 함께 공부하면 얼마든지 성장할 수 있어요. 하지만 성실함, 책임감, 그리고 따뜻한 시선 같은 것은 쉽게 바뀌는 것이 아니기 때문입니다.

제가 처음 요가원 운영을 시작할 때 함께한 강사님이 계십니다. 당시 경력은 1년 정도에 불과했지만, 10년 가까이 함께하며 단 한 번을 제외하고는 한 차례도 수업에 빠지신 적이 없으셨습니다. 그만큼 책임감이 강하고, 신뢰할 수 있는 강사님이셨죠.

또 다른 강사님은 겨울철 사바아사나 시간이면 회원 한 분 한 분께 담요를 덮어주시곤 했습니다. 사실 수업 시간이 부족해 저는 그렇게 하지 못할 때도 많은데, 그 강사님은 늘 그렇게 하셨어요. 그 따뜻한 손길을 받은 회원님들은 오랫동안 그때의 온기를 기억하시더라고요. 저보다 더 친절한 강사님이자 진정한 카르마 요가를 실천하는 분이셨죠.

수업 경력 외에도 상담이나 사람을 대하는 경험이 있는 경우는 분명한 장점이 될 수 있어요. 실제로 한 강사님은 이전에 상담 업무를 했던 경험 덕분에 신규 회원들과의 첫 만남에서도 매우 친절하고 따뜻하게 소통하셨고, 그 덕분에 처음 오신 분들이 편안함을 느끼며 긍정적인 인상을 받고 등록으로 이어진 경우가 많았습니다.

요가원의 수업 방향성도 채용 기준에 큰 영향을 줍니다. 저희 요가원은 체형 교정과 재활 중심의 수업을 진행하고 있어서, 수업 스타일이나 지도 철학이 너무 동떨어진 분과는 함께하기 어려운 구조입니다. 그래서 단순히 경력자보다는, 요가원과 수업 방향이 맞고, 함께 성장하고자 하는 마음을 지닌 분을 찾으려고 합니다. 그래서 경력이 부족한 강사님이라도 공부하고자 하는 마음과 방향이 같다면 함께하는 편이에요.

면접 시에도 작은 행동 하나하나에서 그 사람의 태도를 엿볼 수 있습니다. 예를 들어, 면접 시간에 우연히 회원님이 미리 오셔서 함께 마주치는 일이 생겼을 때, 어떤 강사님은 저와 함께 회원님께 가볍게 인사를 건네십니다. 반면 어떤 분은 전혀 모르는 사람인 듯 지나치기도 하죠. 작은 차이지만, 이 행동 하나에서 저는 그 사람의 마음을 읽을 수 있었고, 결국 그런 분들과는 오래 함께하지 못할 것 같았습니다. 그래서 저는 면접 시간도 가급적 조용한 시간을 선택하지만, 부득이할 경우 꼭 회원이 없는 시간대로 피할 필요는 없다고 생각해요. 오히려 이런 자연스러운 상황에서 그 사람의 진심을 볼 수 있는 기회가 되기도 하니까요.

==결국 강사 채용에서 가장 중요한 건 기술이 아니라 사람입니다. 성실함, 책임감, 따뜻한 눈길, 그리고 함께 성장하고자 하는 의지가 있다면 분명 훌륭한 강사님이 될 수 있다고 믿습니다.== 요가 지도는 지식이나 퍼포먼스 이상의 것이니까요. 회원들과의 관계, 그리고 나와의 관계에서 신뢰를 쌓아갈 수 있는 사람, 그런 분들과 함께할 때 서로 신뢰할 수 있는 요가원이 만들어지는 것 같습니다.

Q16. 요가 외에 다른 운동을 함께 운영하는 것이 좋을까요?

요가원에서 필라테스나 다른 운동 프로그램을 함께 운영하는 사례는 생각보다 흔합니다. 필라테스를 함께 운영하거나, 공간의 여유가 있다면 GX 프로그램(줌바, 스텝, 댄스 등)을 요가와 병행하기도 하죠. 하지만 단순히 프로그램 다양화 이상의 가치가 있는지는 고려해 볼 필요가 있어요.

요가 회원님들 중에는 유산소나 근력 운동을 병행하러 피트니스 센터를 찾는 분들도 계신데요. 한 공간에서 다양한 운동을 경험할 수 있다면, 회원 유지율을 높이고 요가가 잠시 지루하다 느낄 때 다른 프로그램으로 자연스럽게 돌아올 기회를 줄 수 있어요. 저도 한때 요가원 옆 공간이 비었을 때 다른 프로그램 도입을 고민했어요. 하지만 혼자 운영하며 모든 수업을 책임지기 어렵다는 판단에 보류했죠. 하지만 신뢰할 동료 강사나 파트너가 있다면, 충분히 시도해 볼 만한 선택입니다.

다만, 다른 운동을 추가하려면 신중해야 합니다. 가장 중요한 건 공간 분리입니다. 요가는 깊은 호흡과 고요함이 핵심인데, 소음이나 강한 조명이 방해될 수 있어요. 여러 종목을 운영하는 한 원장님께서 요가 회원님들이 아무래도 소음 때문에 이완이 어렵다는 피드백을 주신대요. 그래서 수업 시간대와 공간을 분리해 요가의 정체성을 지키려 노력하신다고 하더라고요.

회원들이 바라는 것을 파악하는 것도 중요합니다. 중장년층이 많은 요가원이라면 격렬한 GX보다 소도구 필라테스나 체형교정 프로그램이 어울리겠죠. '다른 요가원도 하니까'라며 따라 하기보단, 설문이나 대화를 통해 회원님들이 원하는 바를 확인하세요.

운영 측면의 도전도 만만치 않습니다. 다양한 강사를 채용하고 관리하거나, 프로그램별 일정을 조율하는 일은 부담이 큽니다. 강사 이슈 발생 시의 대처 같은 현실적인 문제도요. 운영이 복잡해질수록 회원 관리 시스템과 커뮤니케이션 방식도 정비가 필요해집니다. 수강권을 종목별로 분리할 것인지, 통합으로 운영할 것인지 미리 정해야 하고, 상담 내용도 다양해져서 응대 창구 역시 명확히 나눌 필요가 있어요.

요가를 중심에 두고 부가적으로 운영할지, 복합적으로 균형을 맞출지도 초기에 방향을 정해야 혼선이 없습니다. 시범 운영으로 시작하는 건 좋은 방법이에요. 단기 워크숍이나 클래스로 회원 반응을 확인하면, 정식 도입 여부를 판단하기 쉬워요.

마지막으로, 시설 투자에 대한 부분도 빼놓을 수 없는데요. 다양한 프로그램을 운영하려면 공간 구조와 설비가 맞아야 해요.

필라테스 기구나 GX용 장비는 비용이 많이 들고 유지보수도 필요하니까요. 단기간에 수익을 기대하기보다는 장기 운영을 염두에 두고 회수 계획까지 세우는 것이 현실적인 접근입니다.

'다양한 운동과 함께 운영할 것인가?'는 단순히 공간이나 회원 수 확보 목적만으로 판단할 문제는 아닙니다. 내가 감당할 수 있는 범위인지, 공간의 성격을 유지할 수 있는 구조인지, 장기적으로 관리 가능한 시스템인지 냉정하게 점검해 보는 것이 가장 중요합니다.

Q17. 요가원의 콘셉트는 어떻게 정하나요?

　제가 아는 한 원장님은 요가원을 창업하며 초기에는 '조용하고 고급스러운 1:1 맞춤형 요가'를 콘셉트로 잡고, 인테리어도 세련되게 꾸미고 요금도 다소 높게 설정하셨어요. 주변에 대형 요가원과 피트니스가 있어서 차별화를 둔 전략이었지요. 오픈 초반에는 관심을 보이는 분들도 있었지만, 해당 지역은 대단지 아파트와 어린 자녀가 있는 주부들이 많은 상권이었어요. 기대와 달리 고급 콘셉트는 지역의 수요와 맞지 않았고, 회원 유입이 적었어요. 너무 조용하고 정적인 분위기가 오히려 부담스럽다는 피드백도 받았다고 해요. 결국 원장님은 대상을 40~50대 여성으로 바꾸고, 가격대를 현실화했어요. 수업도 1:1에서 그룹으로 확대하고 소통하는 동네 요가원 느낌으로 분위기를 전환하면서 회원 수가 증가하였고, 재등록률도 높아졌다고 하셨던 이야기가 생각나요.

　요가원의 콘셉트는 단순히 유행이나 멋으로 정하는 것이 아니라, 운영자의 철학과 방향성, 그리고 회원들의 니즈 사이에서 균형을 맞춰가는 과정이라고 생각합니다. 저는 무용을 전공하며 잘못된 근육 사용으로 생긴 허리디스크로 요가를 하면서까지 오랜 기간 고생했어요. 그로 인해 요가원을 시작하면서 교정과 재활 중심의 요가를 추구했고, 그 방향에 맞는 수업을 구성해 나갔습니다. 현대인 대부분이 크고 작은 근골격계 통증을 겪고 있어서, 이 부분에 공감하는 회원님들이 자연스럽게 모이기 시작했습니다.

하지만 시간이 지나며 느낀 것은, 내가 아무리 한 방향을 고수하고 싶더라도 지역 특성, 연령대, 회원의 관심사에 따라 요가원의 운영 방향은 유연해질 필요가 있다는 점입니다. 예를 들어, 운동 효과나 다이어트를 주요 목적으로 오는 회원님들도 있습니다. 저는 그런 분들께 "우리 몸의 균형이 깨지면서 살이 찌는 것이기에, 교정이 되면 다이어트는 자연스럽게 따라옵니다"라고 설명해 드려요. 실제로 체형을 바르게 잡는 요가 수련을 하면서 식습관을 바꾸고 유산소 운동까지 병행하는 분들도 많거든요. 하지만 다이어트가 주 목적인 분들이 많이 찾게 되는 요가원이라면 식습관이나 체중 관리에 좀 더 초점을 둔 콘셉트가 필요하겠죠. 고급·전문 이라는 콘셉트가 지역의 생활 밀착형 니즈와 맞지 않을 수 있어요. 또는 초보자가 많은 동네인데, 수련 강도가 높은 수업만 있으면 유지가 어렵습니다.

이처럼, 요가원의 콘셉트는 운영자의 중심 철학과 회원의 현실적인 니즈가 어우러져야 한다고 생각합니다. 다이어트 중심, 재활 중심, 명상 중심, 다양한 요가를 체험할 수 있는 복합 콘셉트 등 어떤 방향이든 정답은 없습니다. 중요한 것은 내가 얼마나 그 방향에 진심인지, 그리고 꾸준히 지속할 수 있는가 하는 점이겠지요.

내가 추구하는 방향과 맞는 회원님들이 결국 요가원을 찾아오게 됩니다. 만약 한 지역에 요가원이 많지 않다면 다양한 스타일을 수용하는 것도 좋은 전략이 될 수 있습니다. 하지만 무리하게 방향을 바꾸거나 나 자신과 맞지 않는 수업을 계속하다 보면 지치거나 운영에 혼란이 올 수 있습니다. 결국 요가원의 콘셉트를 정할 때는 다음을 고려하면 좋습니다.

∨ 내가 잘할 수 있고 오래 할 수 있는 방향은 무엇인가?
∨ 우리 지역의 인구 구성이나 라이프스타일은 어떤가?
∨ 나는 어떤 회원들과 함께하고 싶은가?

이 과정을 통해 자연스럽게 내 요가원만의 분위기와 철학이 잡힐 것입니다. 그리고 무엇보다 중요한 것은 내가 먼저 행복한 요가원을 만드는 것입니다. 그래야 오랫동안 흔들림 없이 지속할 수 있으니까요.

Q18. 요가원 이름을 어떻게 정하는 것이 좋을까요?

어떤 업종이든 이름을 짓는 일은 결코 가볍게 넘길 수 없는 중요한 작업이에요. 특히 요가원처럼 내가 오랫동안 직접 운영하고, 나의 철학과 색깔이 드러나는 공간이라면 상호는 그 모든 이미지를 담는 첫인상이자 브랜드의 시작이기도 하죠.

요가원 상호를 정하는 방식은 다양해요. 강사 생활을 하면서 자연스럽게 떠오른 단어를 사용하는 예도 있고, 요가 수업 중에 자주 접하는 산스크리트어에서 영감을 얻기도 해요. 때로는 내가 추구하는 요가 방향성과 철학을 압축해서 표현한 이름을 고민하기도 하고요. 중요한 건, 이름이 기억에 잘 남고, 발음하기 쉬우며, 내가 앞으로 나아가고자 하는 방향과 맞아야 한다는 것이에요.

저 같은 경우도 요가원을 인수한 뒤 몇 년 동안 상호를 바꿀지 여러 번 고민했어요. 저희 요가원 이름은 '샨티(Shanti)'인데, 산스크리트어로 '평화'라는 뜻이에요. 의미는 정말 좋지만, 간혹 발음을 '싼티'로 잘못 읽거나 이해하시는 분들도 계셔서 곤란했던 적도 있어요. 이런 사례처럼, 뜻은 좋아도 발음이나 인식 면에서 불편할 수 있는 이름은 한 번 더 고민해 볼 필요가 있어요. 그래서 몇 년 동안은 계속 이런 질문을 스스로에게 던졌어요.

"이제 나의 색깔에 맞게 상호를 바꿔볼까?"

"처음 오는 사람도 쉽게 기억하고 부를 수 있는 이름이 더 좋지 않을까?"

그런데 또 현실적인 고민이 생겼어요. 이미 수년간 '샨티 요가'로 쌓여온 이름값과 신뢰, 지역 내 인지도, 온라인 계정들, 서류들, 간판, 광고물까지 모두 상호랑 연결되어 있었거든요.

만약 이름을 바꾼다면, 단순한 변경 이상의 리셋에 가까운 작업이 되겠다는 생각이 들었어요. 오랜만에 오시는 분들이 "주인이 바뀐 건가요?" 하고 불안해할 수도 있다는 점도 무시할 수 없었고요.

그렇게 몇 번의 갈등 끝에, 저는 결국 기존의 상호를 유지하기로 했어요. 시간이 지나고 보니 그 선택이 좋았던 점도, 아쉬운 점도 함께 있었던 것 같아요. 만약 다시 처음으로 돌아간다면, 요가원의 방향성과 공간의 분위기를 더 세심히 고려해서 좀 더 저만의 고유한 색깔이 담긴 이름을 직접 지었을 것 같아요. 무엇보다 중요한 건, 요가원의 콘셉트에 맞는 이름을 정하는 것이에요. 활기차고 역동적인 수업 중심이라면 짧고 강렬한 이름이 어울릴 수 있고, 명상, 회복, 치유 중심의 요가원이라면 부드럽고 음률이 있는 이름이 더 맞을 거예요.

또 하나, 법적·행정적 측면도 꼭 확인하세요. 이미 사용된 상호가 있을 수 있고 지역마다 등록이 제한된 단어가 있어 다른 지역에서는 등록할 수 있는 이름도 우리 지역에선 불가능할 수도 있거든요. 간판이나 사업자 등록 외에도 SNS 계정, 홈페이지 주소 확보까지 함께 고려하면 좋아요. 원장님의 이름이나 철학을 담는 방식도 좋아요. '선생님이 직접 하는 요가'라는 신뢰가 생기니까요.

요가원 상호는 단순한 이름을 넘어서, 내가 오랫동안 운영하며 쌓아갈 브랜드의 정체성이자 에너지예요. 그러니 신중하게, 그러나 너무 두려워 말고 당신의 철학이 묻어나는 이름을 찾아보세요.

Q19. 처음 시작하기 좋은 규모는 어느 정도일까요?

요가원을 처음 시작할 때 가장 현실적으로 고민해야 할 부분 중 하나가 바로 공간의 규모입니다. 많은 분들이 "크면 좋지 않을까?"라고 생각하시지만, 제가 경험한 바로는 꼭 그렇지만은 않습니다. 오히려 내가 감당할 수 있는 범위 안에서 시작하는 것이 훨씬 더 안정적인 운영으로 이어질 수 있습니다. 저 역시 지금의 요가원은 작지만, 그 덕분에 처음 시작부터 운영 전반을 직접 관리할 수 있었어요. 모든 과정을 제 손으로 해내다 보니 요가원 안의 분위기나 흐름을 놓치지 않고 챙길 수 있었던 거죠.

물론 아쉬운 점도 많았어요. 수용 인원이 적으니 수업 당 인원도 제한되고, 여러 가지 프로그램을 도입하고 싶을 때 공간의 제약으로 포기해야 했던 순간들도 있었어요. 그래서 언젠가는 조금 더 넓은 공간에서 운영해 보고 싶다는 마음이 생기기도 했지요.

하지만 공간이 커질수록 그만큼 운영 리스크도 커집니다. 관리할 것도 많고, 비용도 늘어나고, 혼자 감당하기엔 체력적으로도 부담이 커지죠. 이럴 때는 체력 안배와 감정 노동의 소모도 함께 고려해야 해요. 저는 작은 공간임에도 매일 아침 출근해서 온 마음을 쏟으며 하루를 보내다 늦은 밤 수업을 마치고 퇴근하면서는 처음 몇 년간 힘들어서 매일 울었던 것 같아요. 요가 수업 외에 수많은 일이 나를 기다리고 있다는 점, 창업을 준비하시며 꼭 기억하시기 바랍니다.

만약 관리에 도움을 줄 수 있는 강사나 매니저가 있다면 넓은 공간도 괜찮습니다. 하지만 혼자 시작하신다면, 5~15명 정도가 무리 없이 수업에 참여할 수 있는 공간이 현실적인 선택일 수 있어요. 이 정도면 회원 한 사람 한 사람에게 충분히 집중할 수 있어요. 작지만 밀도 높은 요가원을 만들어갈 수 있습니다.

또한 초기에는 작게 시작해서, 안정된 후에 넓히는 전략도 추천해 드립니다. 공간이 크면 그만큼 고정비도 커지기 때문에, 고정 회원 수가 아직 많지 않은 시점에서는 부담이 클 수 있습니다. 반대로 작게 시작해서 수업 퀄리티와 운영 안정성을 높여나가며 회원의 신뢰와 수요가 생겼을 때 확장하는 방식이 훨씬 자연스럽고 안전한 방식이 될 수 있습니다.

만약, 처음 시작하게 되는 공간이 크다면 처음에는 타임 수를 적게 시작하세요. 강사나 직원 없이도 혼자 운영이 가능한 클래스에서 고정 회원수가 어느 정도 안정되면 직원과 타임 수도 추가해 가는 거죠. 그리고 수련 공간을 너무 크게 잡기보다는 수련 공간을 분리하는 것을 추천해 드려요. 요즘 신규 상담이나 문의 중 꽤 많은 질문이 "한 클래스 당 몇 명이 수련하나요?"라는 것인데요. 그만큼 당연히 너무 많은 인원이 동시에 수련하는 것을 선호하지 않는 거죠. 공간을 분리하면 작은 룸에서는 개인레슨을 진행하거나 소그룹 또는 지도자 교육을 진행할 수 있어요. 어떤 원장님은 작은 수련실에는 테라피 월을 설치하여 소그룹으로 운영하시더라고요.

제가 지금까지 본 사례들도, 너무 큰 공간을 처음부터 꾸며놓고 수요가 그만큼 따라오지 않아 운영이 어려워졌다는 이야기를 종종 들었습니다. 반대로 작게 시작해서 차근차근 회원들의 신뢰를 쌓고 조금씩 공간을 넓혀간 분들은 훨씬 더 안정적으로 운영하고 계세요. 단, 확장할 경우 같은 공간 안에서 가능하다면 더 좋지만, 이전을 하게 될 때 추가로 드는 비용 부분도 고려해야 합니다.

결국 중요한 건 공간의 크기보다 내가 그 공간에서 얼마나 나답게, 꾸준히 운영해 갈 수 있느냐입니다. 내가 추구하는 수업 방향과 스타일에 맞게, 또 감당할 수 있는 범위에서 시작한다면 작아도 분명 충분히 좋은 요가원이 될 수 있습니다.

Q20. 요가원은 어디에 차려야 하나요?

입지를 정할 때, 가장 먼저 내 요가원의 정체성을 고민하세요. 전문성을 강조하고, 장기적인 커뮤니티를 만들고 싶은지, 아니면 다양한 회원을 유연하게 맞이하고 싶은지에 따라 적합한 장소가 달라집니다. 요가원이 없는 지역은 기회로 보일 수 있지만, 수요가 없는 곳일 수도 있어요. 주변 환경을 꼼꼼히 살펴야 합니다. 예를 들어, 오피스 상권은 점심시간 수업이나 직장인을 위한 체형교정 클래스가 인기 있을 수 있지만, 저녁 늦은 시간이나 주말에는 출석률이 낮을 거예요. 이직이나 발령으로 장기 회원 유지가 어려울 수 있죠. 반면, 오피스텔이나 소규모 빌라가 많은 지역은 젊은 층이 많아 다양한 요가 스타일에 관심을 보이지만, 주거 이동이 잦아 회원 유지에 애를 먹을 수 있습니다. 제 지인은 젊은 층이 많은 지역에 요가원을 열었는데, 초기에 신규 회원이 많았지만, 이사로 인해 회원들이 자주 바뀌며 "회원들과 서로 적응하고, 정이 들 무렵이면 이사를 가시더라고요" 하면서 아쉬워했어요. 이 경험을 통해 저도 입지에 대해 다시 한번 생각하게 되었어요.

대단지 아파트가 많은 주거지역은 장기 회원 확보에 유리합니다. 이사가 적고, 안정적으로 거주하는 분들이 많아 꾸준한 수련이 필요한 프로그램에 적합하죠. 제 요가원은 이런 지역에 자리 잡아, 오랫동안 함께하는 회원님들이 많습니다. 오피스 상권과 주거지역이 섞인 곳이라면 더할 나위 없어요. 하지만 유동 인구만 믿어선 안 됩니다. 어떤 사람들이 어떤 동선으로 다니느냐가 더 중요해요. ==사람들이 단순히 지나치는 동선인지, 멈춰 머무를 수 있는 길인지 확인하세요. 출퇴근길이나 등하굣길처럼 생활 방식에 녹아든 장소가 이상적입니다.== 요가원 자리를 보던 한 지인은 적당한 가격과 규모의 상가를 찾았어요. 옆에 큰 병원이 있고 유동 인구가 많은 곳이었지만 그곳을 기준으로 사람들이 주로 전철역으로 향하지 상가 쪽으로 향하지 않는다는 점을 잘 캐치하고 그 장소를 포기했던 기억이 있어요. 요가원은 조용한 곳에 위치하는 것도 필요하지만 사람들의 눈에도 띄어야 하는 점을 기억하세요.

부동산에서 여기는 요가원이 없는데 밀집도가 크다는 정보는 내가 하는 어떤 조사보다 확실할 수 있어요. 부동산 몇 곳에 물어보는 것도 좋아요. 또 한 가지, 접근성이에요. 요가원은 식당이나 카페처럼 가끔 들리는 공간이 아니잖아요. 그래서 매일 혹은 정기적으로 찾아오는 데 불편함이 없어야 해요. 그래서 위치가 조금이라도 안 좋다면, 반드시 '그럼에도 불구하고 오고 싶은 이유'를 만들어 줘야 하죠. 예를 들어, 시설이 아주 좋다거나, 수업이 정말 만족스럽다거나 하는 점이요.

저희 요가원은 사실 4층인데 엘리베이터도 없어요. 처음 오시는 분들은 이걸 부담스러워하시기도 해요. 그런데도 꾸준히 오시는 분들은 '여긴 내가 좋아하는 요가원이니까' 하고 다니시더라고요. 대신 저희는 대로변에 있어서 처음 찾아오는 분들도 헤매지 않고 쉽게 찾아오세요.

위의 내용을 바탕으로 어떤 지역에 어울리는지를 고민하다 보면, 자연스럽게 내가 원하는 요가원의 그림이 그려질 거예요. 그리고 어떤 조건이든 그 지역에 맞게 운영 방향을 유연하게 바꾸는 센스도 필요하겠죠.

Q21. 요가원은 몇 층에 있는 것이 좋나요?

요가원뿐만 아니라 사업을 하려고 공간을 알아보다 보면, "몇 층이 좋을까?"라는 고민이 꼭 생기죠. 대부분은 1층을 최고로 꼽습니다. 이유는 간단하죠. 접근성이 뛰어나기 때문입니다. 유동인구가 많고 눈에 띄기 쉬운 1층은 임대료가 높지만, 회원님들이 쉽게 찾아올 수 있어요. 하지만 요가원은 카페처럼 지나가다 들르는 곳이 아니라, 깊은 호흡과 집중이 있어야 하는 공간입니다. 아늑하고 조용한 분위기가 중요한 경우, 꼭 1층이어야 할 필요는 없어요. 물론, 1층인데 초록이 가득한 정원이 보이는 요가원을 운영하시는 원장님을 보면 부럽긴 하더라고요.

저희 요가원은 엘리베이터 없는 4층에 있습니다. 처음엔 "엘리베이터 없어요?"라며 발걸음을 돌리는 분들 때문에 아쉬웠어요. 그때마다 '요가원이 조금만 더 좋은 위치에 있었더라면 더 많은 회원님이 올 수 있었을 텐데' 하는 생각도 했죠. 그런데 시간이 지나며 4층이 오히려 장점이 됐습니다. 계단을 오르며 자연스럽게 워밍업이 되고, "계단 덕에 다리가 튼튼해졌어요"라며 웃으시는 회원님도 계셨어요. 그렇게 생각하니 '계단도 요가의 연장선'이라는 생각이 들기도 했어요.

하지만 연세 드신 분이나 몸이 불편하신 분들께 계단은 장벽이 될 수 있어요. 그런 분들이 고민하시다 요가 수련을 포기하시는 모습을 볼 때면 마음이 아팠어요. 그래서 나중에 다시 시작한다면, 엘리베이터가 있는 3~4층을 선택하고 싶다고 생각했어요. 이 층수는 접근성과 임대료의 균형을 맞추며, 회원님들의 편의를 챙길 수 있죠.

그리고 꼭 짚고 넘어가야 할 부분은 환기예요. 요가는 호흡이 중심이 되는 수련이에요. 숨을 깊이 들이쉬고, 몸의 에너지를 순환시키고, 노폐물을 배출하는 과정이 굉장히 중요하죠. 그래서 저는 지하 공간은 피하는 걸 추천해 드려요.

코로나19 시기엔 환기의 중요성이 특히 강조됐는데, 그 시기에도 저희는 한겨울에도 창문을 열고 수업을 진행했어요. 그게 오히려 회원님들 마음을 편안하게 만들었고, 이런 이유로 오래 다니시는 분들도 많았죠. 지하는 아무리 환기 시스템이 좋아도 공기의 흐름 자체가 원활하지 않기 때문에 호흡을 깊게 하는 요가에는 적합하지 않을 수 있어요.

무조건 "몇 층이 좋아요"라고 말할 수는 없지만, 제 경험을 기준으로 추천을 드리자면 엘리베이터가 있는 3층, 4층 혹은 그 이상의 고층도 문제없을 것이고, 또는 계단이 편안한 구조의 2층이 가장 이상적이지 않을까 생각해요. 물론, 각자의 예산, 지역 상황, 건물 구조 등 다양한 변수들이 작용하겠지만요.

중요한 건, 회원들이 편하게 다닐 수 있으면서도, 내가 운영하기에 무리가 없는 공간을 찾는 거예요. 요가원의 위치나 층수는 한 번 정하면 쉽게 바꾸기 어렵기 때문에, 처음부터 신중하게 고민하시면 좋겠어요. 그리고 어떤 층에 있든, 어떤 구조든, 그 공간에 나만의 따뜻한 에너지와 정성을 담는다면 회원님들은 층수보다 그 분위기와 마음에 이끌려 찾아오실 거예요. 결국 공간의 온도는 운영자의 손끝에서 만들어지는 것이니까요.

Q22. 상가 계약 시 주의해야 할 점이 있을까요?

요가원을 창업하려고 공간을 알아보다 보면, "이 공간, 괜찮아 보이는데?"라는 첫인상에 마음이 끌릴 때가 있죠. 제 주위의 원장님들 중 요가원을 준비하며 깔끔한 건물과 좋은 위치에 설렜지만, 계약 직전에 예상치 못한 요소들이 드러났다는 경우들을 보았어요. 처음 공간을 구할 때는 눈에 보이는 조건보다, 운영을 시작하고 나서 실제로 겪게 될 상황들을 미리 시뮬레이션 해보는 게 훨씬 중요합니다.

첫째, 건물의 소유 구조를 확인하세요. 상가 건물은 전체가 한 소유주일 수도 있지만, 호실마다 주인이 다를 수도 있어요. 옆 호실에 다른 소유주의 동일 업종이 들어오면, 타깃층이 겹쳐 회원 유치에 영향을 받을 수 있습니다. 실제로 한 원장님은 같은 층에 필라테스 스튜디오가 생겨서 많이 난감해하시던 사례가 있었어요. 소유주가 한 명이라도 한 건물에 동일 업종이 들어올 수가 있고요. 그래서 계약 전, 건물의 소유 구조와 업종 제한 조항을 꼼꼼히 확인하면 이런 리스크를 줄일 수 있습니다. 혹시 재개발 예정이나 계획이 없는지 확인하는 것도 잊지 마세요.

둘째, 주변 업종과 환경을 살펴보세요. 요가원은 조용하고 집중할 수 있는 분위기가 필수입니다. 바로 옆이나 아래층에 주점, 노래방처럼 소음이 큰 업종이 있다면, 요가의 깊은 호흡과 명상에 방해가 될 수 있어요. 저는 예전에 이전할 곳을 찾다 위치도 괜찮고 월세도 적당한 공간을 발견했지만, 아래층이 실내 포장마차라 저녁마다 소음과 냄새로 환기가 어려울 것 같아 포기했어요. 계약 전, 수업 시간대에 직접 방문해 소음과 공기 흐름을 확인하세요. 특히 저녁 시간대는 메인 수업이 될 수 있으니 꼭 확인할 필요가 있습니다. 조용한 환경은 회원님들의 만족도를 높이는 열쇠일 수 있어요.

셋째, 주변 안전성은 꼭 점검하세요. 요가원은 아침 일찍이나 늦은 저녁까지 운영되니, 회원님들이 안전하게 다닐 수 있는 동선이 중요합니다. 제가 봤던 다른 곳은 뒷골목에 있는 곳인데 조건과 공간은 마음에 들었어요. 하지만 밤에 어두운 골목과 드문 인적이 회원님들에게 불안함을 줄 것 같아 포기했죠. 반면 대로변이나 가로등, CCTV가 잘 설치된 곳이라면 훨씬 안심할 수 있어요. 이런 부분은 시설만큼이나 중요한 선택 기준이 됩니다.

마지막으로, 임대차 계약서를 세심히 작성하세요. 계약일과 입주일, 인테리어 공사 기간, 임대료 발생 시점을 명확히 명시해야 합니다. 공사를 시작하기도 전에 월세가 나가는 상황을 피하려면, 공사 기간 월세를 유예하는 조항을 넣는 게 좋아요. 구두 약속에만

의지했다가 공사 지연으로 월세 부담을 겪는 경우가 생기지 않도록 최소한 '공사 기간은 월세 없음'이라는 조건을 계약서에 꼭 포함하세요. 일정 변경 시 협의 조항도 잊지 마세요.

요가원은 단순히 '괜찮은 공간'을 넘어서 조용하고 안전하고, 함께 입점해 있는 업종들과 잘 어우러질 수 있는 곳이어야 한다고 생각해요. 임대 조건도 꼼꼼히 살펴서 운영에 부담이 되지 않도록 계획적으로 준비하신다면, 훨씬 안정적인 시작이 가능하실 거예요. 처음이라 모든 걸 다 알 수는 없지만, 작은 디테일들이 결국 운영의 큰 그림을 바꿀 수 있다는 걸 꼭 기억하셨으면 해요.

Q23. 인테리어에서 가장 중요한 것은 무엇인가요?

요즘은 요가원도 예쁘고 감각적인 공간이 많다 보니, 조명은 어떤 게 좋을지, 가구는 맞춤으로 해야 할지 고민이 정말 많으시더라고요. 그런데 예쁜 것도 좋지만, 가장 중요한 건 결국 수련에 적합한 공간입니다.

요가는 바닥과 고요함만 있으면 시작할 수 있는 수련입니다. 너무 밝은 조명, 반사가 심한 거울, 복잡한 벽면 장식은 오히려 요가 수련 시 집중을 방해할 수 있어요. 반면, 창밖으로 초록이 보이는 공간이라면, 그 뷰 하나만으로도 마음을 편안하게 할 수 있습니다. 이런 경우, 장식은 절제하고 자연의 감성을 살리는 게 더 효과적이에요. 요가원은 쉼과 치유의 공간이어야 하니까요. ==인테리어는 눈길을 끌기보다, 회원님들이 '여기서 수련하고 싶다'고 느낄 수 있도록 설계해야 합니다.==

실내장식에 투자할 계획이라면 재질과 색감에도 신경을 써 보세요. 따뜻한 톤의 바닥재, 부드러운 조명, 라커룸이나 대기 공간도 수련 전후의 마음을 다듬는 공간이죠. 대기 공간에 여유가 있는 경우 편안한 의자와 차분한 색감을 사용해 회원님들이 편안히 머물다 가실 수 있으면 좋아요. 하지만 탈의실에는 머물 수 있는 공간을 굳이 만들지 않는 게 좋다는 걸 느꼈어요. 이미 옷을 갈아입으신 분이 앉아서 쉬고 계실 때 옷을 갈아입는 다른 분들이 불편해하시더라고요. 그래서 전 다음에는 옷을 갈아입었다면 대기 공간으로 나오는 구조를 만들 거예요. 이런 디테일이 모여 요가원의 온도를 만드는 것 같아요.

방음은 놓치기 쉬운 핵심 요소입니다. 요가 수련은 고요함이 필수인데, 외부 소음은 수련의 몰입을 방해할 수 있어요. 한 원장님은 조용한 상가라고 믿고 입주했지만, 위층 학원의 의자 끄는 소리로 인해 방음 공사를 추가로 하셨다고 해요. 결국 수업 시간까지 조정하며 애를 먹으셨죠. 그래서 공간을 볼 때 위층과 옆 호실의 업종을 확인하고, 수업 시간대에 직접 방문해 소음 여부를 점검하는 것이 중요하더라고요. 요가원의 특성상 방음만큼 중요한 건 없어요.

인테리어 공사팀 선택도 신중해야 합니다. 요가원 시공 경험이 있는 팀은 수련 공간의 특성을 이해하지요. 제 지인은 초기에 일반 인테리어팀에 맡겼다가 바닥 재질이나 조명 위치를 일일이 설명하느라 고생했어요. 반면, 요가원 경험이 있는 팀과 진행한 두 번째 공간은 훨씬 수월하게 진행되었다고 해요. 바닥의 미끄럼 방지, 조명의 조도 조절 같은 디테일을 이미 알고 제안해 주더라고 만족해했어요. 요가 커뮤니티나 선배 원장님의 추천으로 전문 팀을 찾거나, 경험이 없는 팀과 일할 땐 원하는 바를 상세히 준비하세요.

　마지막으로, 공사 일정은 여유롭게 잡으세요. 저도 리뉴얼 공사를 진행할 때 처음에 2주면 충분할 줄 알았지만, 이견 조율, 마감 디테일, 조명 위치 조정으로 4주 정도가 걸렸어요. 급하게 오픈하면 공사 품질이 떨어지고, 홍보나 회원 응대에도 여유가 없어집니다. 최소 한 달 이상의 일정을 확보하세요. 회원님의 몸과 마음을 돌보려면, 공간도 그만큼 세심해야 합니다. 요가원의 인테리어는 결국 화려함이나 눈길을 끌기 위해서가 아니라, 몸과 마음이 머물 수 있도록 존재해야 해요.

Q24. 샤워실은 꼭 있어야 할까요?

"샤워실 있나요?"라는 질문을 수없이 들었습니다. 많은 분들이 요가를 운동으로 여기며, 수련 후 땀이 나면 샤워로 개운함을 찾고자 합니다. 하지만 요가 전통에서는 땀을 생명에너지(프라나)의 일부로 보고, 수련 후 자연스럽게 마르도록 두는 것을 권장하죠. 요가는 몸속 에너지 흐름을 정화하고 균형을 잡는 과정이기 때문이에요. 수련 직후 샤워를 하면 급격한 체온 변화로 근육 이완을 방해받거나 에너지 흐름이 끊길 수 있어요.

좀 더 생리학적인 내용을 기반으로 회원님들께 설명드리면 받아들여 주시곤 하는데요. 요가 수련 후 땀은 고강도 운동과 다른 땀샘을 자극해 체온 조절 목적의 땀이 주로 분비되는데, 이 땀은 주로 물과 염분으로 구성되어 냄새가 거의 없어요. 규칙적인 호흡으로 산소가 충분해져 자연스럽게 노폐물이 배출되는 것이에요. 실제로 끈적임이나 냄새가 적어, 의외로 쾌적하다고 느끼는 회원님들이 많습니다. 그래서 저는 "규칙적인 호흡과 함께하며 흐르는 땀은 자연스러운 대사 과정이라 냄새가 나지 않아요", "호흡을 느끼며 몸을 잠시 쉬게 하세요"라고 안내하며, 수련의 여운을 간직하도록 돕습니다.

그래서 저희 요가원은 샤워실을 따로 두지 않았습니다. 공간 제약도 있지만, 샤워실의 설치와 유지에는 상당한 비용이 들잖아요. 물론 없는 것보다는 있는 것이 나을 수도 있지만 있는 경우에도 관리가 힘들고 이용률이 적어 없애고 싶다고 하시는 분들도 계시더라고요.

날씨가 더울 땐 "수련 후 잠시 쉬며 땀을 마르게 두고, 통풍 좋은 옷으로 갈아입으시면 충분히 편안하실 거예요"라고 안내해 드리는 편이에요. 대부분 "자연 바람으로 말리고 나면 충분하다"며 만족하시거나, 어떤 분들은 집에서 미지근한 물로 족욕을 하며 수련의 여운을 즐기시더라고요. 너무 뜨겁거나 차가운 물은 피하라고 조언드렸죠.

대중교통을 이용하셔야 하는 분들께는 혹 불편하시지 않도록 "땀 냄새 나지 않으니 당당히 가셔도 돼요."라고 웃으며 말씀드리면 더욱 신뢰를 해주기도 하시고요.

==물론 개인차는 있습니다. 샤워를 선호하는 분들이 있지만, 수련 후 몸이 정돈된 느낌에 샤워가 필요 없다고 느끼는 분들도 많습니다. 중요한 건 회원님의 몸과 마음에 귀 기울이는 거죠. 샤워실이 없어도, 요가의 본질을 전달하며 쾌적한 환경을 제공하면 오히려 더욱 매력적인 요가원이 될 수 있어요.== 또한 체험 회원 예약 시에

도 "샤워실은 없지만, 쾌적한 탈의 공간과 수건이 준비되어 있어요" 또는 샤워실이 없는 간단한 이유를 미리 안내해 드리면 기대치가 조절되어 현장에서 어색함이 줄어들 수 있어요.

예전에 강사로 일하던 곳에서, "요가는 정화의 여운을 간직하는 과정이에요"라고 설명드리니 회원님들이 요가의 깊은 가치를 이해하며 신뢰를 보내주셨던 기억이 나요.

샤워실이 없다면 그것은 단점이 아니라, 수련의 본질을 강조하는 선택입니다. 공간과 비용을 샤워실 대신 회원 경험을 높이는 데 투자하는 것도 좋은 방법일 수 있습니다. 예를 들어, 편안한 휴식 공간이나 세심한 응대를 강화하는 게 더 의미 있을 수 있어요.

Q25. 수련실에 거울은 꼭 필요한가요?

요가원 공간을 꾸밀 때 거울 설치 여부는 처음부터 많은 분들이 고민하는 부분입니다. 결론부터 말하자면, 거울은 필요한 요소는 아니라고 생각해요. 공간의 성격과 수련의 방향에 따라 선택할 문제죠. 요가원을 다녀보면 아시겠지만, 예상외로 거울이 없는 곳이 많아요. 거울 설치 여부는 조명과도 연결된 고민입니다.

요가는 남과 경쟁하는 운동이 아닌 고요함과 내면의 집중을 중시하는 수련이잖아요. 특히 몸의 미세한 정렬과 호흡에 집중해야 하죠. 하지만 거울은 때로 이 몰입을 방해할 수 있어요. 많은 요가원에서 거울이 없는 이유도 여기에 있습니다. 거울을 통해 자신을 확인하는 대신, 다른 회원님을 무의식적으로 관찰하거나 비교할 수 있어요. 저조차도 거울이 있는 곳에서 수련하게 되면 거울을 통해 보이는 많은 것들에 시선을 뺏기게 되거든요. 눈은 뇌 에너지의 80%를 소모한다고 알려져 있는데, 불필요한 시각 자극은 집중을 분산시키고 비움의 시간을 어렵게 만듭니다.

요가의 철학, '마음의 작용을 멈추는 것'이라는 면에서도 과도한 시각 자극은 수련의 본질과 어긋날 수 있어요. 비교나 경쟁 없이 내면에 집중하는 게 요가의 첫걸음이니까요.

그렇다고 거울이 전혀 필요 없는 건 아니에요. 특히 초보자나 요가를 처음 접하는 분들에게 거울은 자신의 움직임을 확인하고 자세 정렬을 이해하는 데 도움을 줄 수 있습니다. 저도 한 회원님께서 오랜 수련에도 몸의 움직임을 어려워하시는 모습을 보고, 거울 설치를 고민한 적이 있어요. 그때는 측면에 슬라이딩 방식으로 가릴 수 있는 거울을 생각할 정도로 구체적으로 계획했어요. 거울은 특히 체형교정요가에서 스스로 몸을 인지하기 어려운 경우 어깨나 척추의 정렬을 시각적으로 확인하며 학습 효과를 높일 수 있죠.

저는 오랫동안 고민했지만 결국 공간의 집중을 위해 설치하지 않았어요. 대신 수업을 할 때 정확한 핸즈온으로 인지를 도와드려야 해요. 거울이 있는 한 원장님네는 거울의 장점도 꽤 활용하신대요. 다만 수업할 때 "거울로 다른 분 보지 마세요"라는 멘트를 강조하시거나 다른 생각을 할 겨를이 없도록 강도가 높은 경우도 있다고 해요. 강사님이 회원님의 집중 유도를 위해 더 노력하시는 거죠.

만약 거울을 설치한다면, 정면보다 측면에 배치하는 걸 추천해요. 정면 거울은 시선이 분산되기 쉽지만, 측면은 필요할 때만 자신의 정렬을 확인할 수 있어요. 최근에는 꽤 많은 분이 수련실의 거울 유무를 먼저 문의하세요. 그만큼 수련자로서도 거울이 방해 요소라는 것을 경험을 통해 아시는 것 같아요.

제가 다시 공간을 꾸미게 된다면 전 또 거울 없는 수련실을 선택할 거예요. 거울이 없는 수련실로 인한 장점을 훨씬 많이 느끼고 있기 때문이죠. 회원님들께서 "거울이 없으니 몰입이 더 잘 된다"거나 "공간이 따뜻하고 편안하다"고 말씀하시는 피드백이 많았어요. 최근 마음을 다루는 교수님의 강의에서 '거울 없는 공간에서 요가와 명상을 하라'는 조언을 들었어요. 이는 요가의 심신 치유 목표와 맞닿아 있습니다. 거울 없는 환경은 회원님들이 외부 자극 없이 내면을 바라보게 도와줄 거예요.

결국, 거울 설치는 요가원의 철학과 수련 방향에 따라 결정해야 합니다. 거울이 있다면 그 환경에서 몰입을, 없다면 몰입을 돕는지 방해하는지 고민해 보세요.

Q26. 수련실의 조명은 어떻게 하는 것이 좋을까요?

"선생님, 저는 너무 뻣뻣해서 요가를 잘 못할 것 같아요."

신규 상담을 하다 보면 이런 말씀을 정말 자주 듣게 됩니다. 초보자나 몸이 경직된 분들은 자신의 동작에 부담을 느끼기 쉽고, 자기도 모르게 수업 분위기에 위축되곤 하죠. 이를 도와줄 수 있는 건 섬세한 티칭, 소도구 활용, 강사의 공감 능력 같은 직접적인 지도력도 있지만, 생각보다 큰 역할을 하는 요소가 바로 조명이에요.

밝고 선명한 조명은 동작을 잘 보여줄 수 있어 장점이 있지만, 초보자 입장에서는 자기 몸이 더 드러나고 타인의 시선이 더 크게 느껴질 수 있어 심리적인 부담을 줍니다. 반면 은은하고 따뜻한 톤의 조명은 시야에 부드러운 경계를 만들어주고, 내 몸의 움직임에만 집중할 수 있는 심리적 안정감을 선사하죠. 동작이 조금 서툴러도 덜 부끄럽고, 수업 전체 분위기 역시 훨씬 편안해집니다.

대부분의 요가원에서 조명을 일부러 어둡게 조절하는 이유는 단순히 '이완이 잘 되니까', '집중이 잘 되니까'만은 아닙니다. 그 이면에는 심리적 안정과 생리적 반응까지 고려한 깊은 배경이 있어요.

우리는 일상에서 사무실, 지하철, 스마트폰 화면 등 강한 인공조명에 둘러싸여 살고 있습니다. 이런 환경은 멜라토닌 분비를 억제해 수면과 회복을 방해하죠. 연구에 따르면, 밝은 조명 아래에서는 멜라토닌 분비가 최대 50%까지 줄어들 수 있다고 합니다. 요가 수업에서도 마찬가지예요. 특히 저녁 수업에서는 강한 조명이 오히려 이완을 방해하고, 수련의 깊이를 떨어뜨릴 수 있어요.

저희 요가원은 실제로 자연광 외에는 직부등 대신 따뜻한 조도를 유지하며 수업 환경을 조성하고 있어요. 그러면 초보 회원님들의 심리적 부담이 줄고, 숙련자들도 스트레스나 피로가 회복되며 본인에게 더욱 집중할 수 있게 돼요. 남을 보며 경쟁하거나 비교하지 않게 되다 보니 부상의 위험도 줄고요.

실제로 회원님들은 "몸이 뻣뻣해서 부끄러웠는데, 다른 사람을 신경 안 쓰게 되니까 편하게 할 수 있었어요."라는 말씀을 해주시기도 해요. 특히 남성 회원님들의 경우 밝은 공간에서 동작을 수행하는 데 부담을 느끼는 경우가 많아, 은은한 조명을 활용하면 출석률과 수련 지속성에도 긍정적인 영향을 줍니다.

"처음엔 너무 어두운 줄 알았는데, 이제는 밝은 데서는 집중이 안 돼요. 불 꺼진 상태에서 호흡하는 게 더 깊어요."

한 회원님의 이 말처럼, 적절한 어둠은 내면을 들여다보게 합니다. 조도 조절 스위치를 설치하면 아침엔 약간 밝게, 저녁엔 은

은한 조도로 상황에 맞게 유연하게 운영할 수 있어요. 자연광이 들어오는 창이 있다면 커튼을 활용해 빛의 양을 조절하는 것도 좋은 방법입니다.

조명은 단순히 공간을 밝히는 기능을 넘어서, 수련자의 몰입도와 마음가짐, 수련의 질을 좌우하는 중요한 환경 요소입니다. 초보자든 숙련자든 모두가 자신의 리듬으로 호흡하고 움직일 수 있도록, 조명은 세심하게 조율되어야 합니다. 요가원 조명, 그 안에 수련의 질을 바꾸는 힘이 숨어 있습니다.

Q27. 냉난방 조절은 수련 효과와 어떤 관계가 있을까요?

"너무 더워요"라거나 "오늘 좀 춥지 않나요?"라는 회원님들의 말씀은 같은 공간에서도 각기 다른 체감을 보여줍니다. 그래서 실내 온도를 어떻게 맞춰야 할까, 늘 신경 쓰는 부분이에요. 그런데 이 온도의 문제는 단순히 '쾌적함'의 문제가 아니에요. 수련 효과와도 깊이 연결되어 있는 중요한 요인입니다. 그래서 회원님들께 온도 조절의 이유를 이야기해 드릴 땐, 단순히 '운영상의 이유'라고 말하기보다는, 우리 몸의 생리학적 반응을 토대로 설명드리면 훨씬 이해도가 높아지더라고요.

이를 위해 우선은 '갈색지방' 흔히 '착한 지방'이라고 불리는 개념을 알아두면 좋습니다. 갈색지방은 에너지를 저장하는 백색지방과 달리, 열을 생산해 체온을 유지하는 '몸속 난로' 같은 역할을 합니다. 중요한 점은 이 갈색지방은 약간 서늘한 환경(18~22℃)에서 더 활발히 작동하며, 체중 조절, 대사 건강, 면역력 강화에 도움을 준다는 거예요. 겨울이라도 지나치게 따뜻한 수련실은 이 갈색지방의 활동을 둔화시켜 긍정적인 효과를 줄일 수 있어요. 하지만 너무 추운 환경은 근육을 경직시키고, 호흡과 움직임의 자연스러운 흐름을 방해하죠. 그래서 수련실의 온도는 21~24℃의 적당히 따뜻한 온도를 권장합니다. 이 온도는 몸이 스스로 열을 만들어내며, 동시에 유연성과 이완을 유지하도록 도와줘요.

여름철에는 땀이 많이 나는 게 수련의 효과로 느껴질 수 있지만, 땀은 주로 수분 손실일 뿐, 지방 감소와 직접 관련이 없어요. 많은 분께서 "오늘 땀 엄청나게 났어요! 운동 제대로 된 것 같아요."라고 하시지만, 제가 "물론 열심히 움직였다는 증거일 수 있지만, 땀은 수분 배출일 뿐, 중요한 건 몸의 효율적인 움직임이에요"라고 설명드리면 고개를 끄덕이시곤 해요.

너무 더운 환경(27℃ 이상)은 수분과 전해질 손실로 어지럼증이나 근육 경련을 유발할 수 있어요. 여름에는 실내외 온도 차를 5~6℃ 이내로 유지하고, 22~26℃로 설정하는 게 좋습니다. 에어컨 바람이 몸에 직접 닿지 않도록 조정하고, 주기적인 환기로 공기를 신선하게 유지해야 하죠.

겨울철에는 바닥 난방이나 히터를 사용하게 되는데요. 회원님들이 따뜻한 바닥을 좋아하시지만, 너무 뜨거운 바닥은 오히려 졸음을 유발할 수 있으니 24℃를 넘지 않도록 조절하고, 겨울철에도 환기는 필수입니다. 창문을 열기 꺼려지더라도, 수업 사이 5~10분 정도 환기로 공기를 맑게 하면 회원님들의 호흡이 더 편안해집니다.

저희는 상부에 히터를 설치하지 않고, 바닥 난방만 사용하는데요. 이렇게 하면 바닥은 따뜻하게 유지되면서도, 위 공기는 지나치게 덥지 않아 호흡하기에 부담스럽지 않은 시원한 온도를 유지할 수 있습니다. 이는 특히 비염이나 기관지가 약하신 회원님들께 더 쾌적한 환경을 제공해 드릴 수 있어요. 따뜻한 바닥은 몸의 긴장을 풀어주고, 서늘한 공기는 깊은 호흡과 집중을 돕는다는 점에서 균형 잡힌 온도 조절은 겨울철 수련 환경에서 아주 중요한 요소입니다.

==요가는 몸이 환경에 자연스럽게 적응하며 움직이는 수련입니다. 지나치게 덥거나 추운 온도는 몸의 균형을 깨뜨릴 수 있죠. 21~24℃의 온도는 회원님들이 자신의 호흡과 움직임에 집중하며, 몸이 스스로 열을 만들어내는 최적의 상태를 만듭니다.==

Q28. 운영과 회원 관리에 편리한 동선은 어떻게 짜야 하나요?

　요가원을 운영하며 깨달은 것 중 하나는, 공간의 동선이 수업의 질만큼이나 회원 만족도와 운영 효율성에 큰 영향을 미친다는 점입니다.

　처음 요가원을 인수했을 때, 탈의실이 너무 좁아 3~4명이 들어가면 꽉 찼습니다. 수업 전후로 회원님들이 몰리며 대기 시간이 생겼고, 임시로 탈의실 앞 간이공간을 마련했어요. 또, 남성 회원이 적었던 시절이라 탈의실을 함께 사용하는 불편함이 있었죠. 이후 회원 수가 늘면서 리뉴얼을 결심했고, 수련실 일부를 줄여 탈의실을 확장했습니다. 공간 제약으로 아주 넓게 만들진 못했지만, 회원님들의 만족도가 크게 높아졌어요. 하지만 한 가지 아쉬움은 동선 구조를 근본적으로 바꾸지 못한 점입니다. 탈의실이 수련실 내부에 있어, 수업 중 누군가가 이용하려면 수련실 문을 열어야 했거든요. 이는 회원님들의 집중을 방해하기 때문에 수업 간 간격을 늘려 혼잡을 줄이는 조치로 대응했죠. 이 경험은 동선의 중요성을 깊이 깨닫게 했습니다.

첫 번째로, 동선은 입장부터 수련까지의 흐름이 자연스러워야 합니다. 이상적으로는 대기공간 → 데스크 → 탈의실 → 수련실로 이어지는 경로가 부딪힘 없이 매끄러워야 합니다. 회원님들이 요가원에 들어와 상담이나 등록을 마치고, 탈의실을 거쳐 수련실로 이동하는 동선이 끊임없이 이어지는지 시뮬레이션해 보세요. 예를 들어, 대기공간이 탈의실과 반대편에 있거나 수련실 입구가 외부와 바로 연결되면 불편할 수 있습니다. 저희 요가원처럼 탈의실이 수련실 내부에 있다면, 외부로 연결된 독립 출입구를 만드는 게 이상적입니다.

두 번째로, 수련실 내부에서 대기실이나 출입문이 살짝 보이도록 설계하면 운영이 편리해집니다. 요가원은 직원이 항상 데스크에 상주하지 않을 수 있으므로, 강사가 수업 중에도 방문자를 파악할 수 있는 시야가 중요합니다. 완전히 닫힌 구조보다는, 수련실에서 입구가 보이는 반개방형 설계가 운영 효율성을 높입니다. 한 원장님은 수련실이 완전히 밀폐되어 방문자를 놓친 경험이 많았다고 하더군요. 시야가 열려있는 경우 누군가 방문 시 잠시 기다려주시길 요청드리거나 일정표만 건네드려도 대응을 하지 못하는 것보다 낫겠죠.

세 번째로, 데스크 주변에는 직원이나 강사를 위한 공간을 배치해야 합니다. 별도의 휴식 공간이 이상적이지만, 여건상 어려우면 데스크 근처에 간단한 식사나 휴식을 위한 공간을 마련하세요. 이때, 회원님들이 탈의실에서 나와 대기실이나 수련실로 이동할 때 데스크 내부가 노출되지 않도록 동선을 설계해야 합니다. 한 요가원에서는 데스크 내부가 공개적으로 보이는 동선 때문에 강사들이 불편을 겪었다고 들었어요. 커튼이나 파티션으로 시선을 차단하여 이를 해결할 수 있지만 이 부분도 동선 설계를 할 때 고려해야 할 부분이겠지요.

마지막으로, 수련실 내부의 동선도 신경 써야 합니다. 소도구나 매트를 정리해 두는 공간은 입구와 가까운 곳에 배치하는 것이 좋아요. 수련 시작과 종료 시 혼잡하지 않게 하려면, 어디에 어떻게 정리되어 있어야 할지까지도 고려해서 구성해야 하죠.

동선 설계는 단순히 공간을 배치하는 작업이 아니라, 회원님들의 편안한 경험과 운영의 효율성을 동시에 고려하는 과정입니다. 요가원을 준비하신다면, 디자인보다 먼저 동선을 그려보세요. 초기 투자 시 동선 설계에 충분히 신경 쓰는 것이 장기적 운영비 절감과 회원 만족에 매우 중요합니다.

Q29. 수업 시간표는 어떻게 구성해야 할까요?

처음에는 다양한 시간대에 많은 수업을 열면 회원들에게 더 많은 선택권을 줄 수 있을 것 같지만, 실제로 운영하다 보면 인력, 관리, 강사의 체력 등 여러 현실적인 부담이 커진다는 점을 알게 됩니다.

실제로 오픈 초기에 하루에 8타임 이상 수업을 편성한 요가원을 본 적이 있습니다. 다양한 시간대를 제공해 회원을 많이 모으고, 초반에는 활기차 보였지만 시간이 지나면서 점차 수업 타임이 줄고, 결국에는 운영을 중단하게 되었습니다. 이런 사례를 보면, 초기 무리한 확장은 오히려 장기적인 운영에 부담이 될 수 있음을 알 수 있죠. 현실적으로 감당할 수 있는 범위에서 시작하는 것이 훨씬 현명합니다. 특히 이런 경우 원장이 수업을 함께 하면 좋지만 그렇지 못하면 안정적인 유지가 힘들 수밖에 없으니까요.

수업 시간표를 짤 때 가장 먼저 고려해야 할 것은 우리 요가원의 주요 회원층이 누구인지, 그리고 그분들의 생활 방식이 어떤지 파악하는 일입니다. 예를 들어, 직장인이 많은 지역이라면 이른

아침이나 저녁 시간대에 수업을 집중하는 것이 효과적이에요. 주부가 주 고객이라면 오전 시간대가 훨씬 수요가 많고, 학생들이 주요 회원이면 오후나 주말이 적합할 수 있습니다. 이런 생활 방식은 지역이나 상권의 특성에 따라 달라서, 오픈 전에 주변 환경과 타깃층의 라이프스타일을 조사해 보는 것이 중요합니다.

저희도 처음에는 토요일 수업이 없었어요. 그런데 상담하다 보니까 주말 수업을 원하시는 분들이 정말 많더라고요. 그래서 1년이 채 안 됐을 때 토요일 수업을 시작했고, 지금도 많은 분들이 토요일 수련 참여를 좋아하세요. 일요일 수업도 하면 좋을 것 같지만, 주말에는 교육이나 특강도 있다 보니 더 늘리지는 못하고 있어요.

요가원 운영은 결국 체력전이에요. 모든 시간대의 회원 니즈를 100% 충족시키기는 어렵죠. 우리 요가원의 역량과 자원을 고려해, 우선 가장 수요가 많은 시간대를 중심으로 단단하게 운영을 시작하는 것이 좋습니다. 이후 회원 수가 늘고 운영에 여유가 생기면, 점진적으로 시간대를 추가해 나가는 방식이 안정적입니다. 시간표를 자주 바꾸면 회원들도 혼란을 느끼기 때문에, 신중하게 결정하는 것도 잊지 마세요.

지역의 특성도 중요한 변수인데요. 상업지구에 있는 요가원이라면 점심시간 수업도 고려해 볼 만해요. 저희도 12시 수업을 운영 중인데 근처 직장인 분들이 점심시간을 활용해 수련하는 경우가 많거든요. 반면, 주거지역에서는 오전이나 저녁 시간대가 더 인기가 많고, 낮 시간대는 오히려 한산할 수 있습니다. 주말 오전 수업 역시 주거지역에서는 꾸준히 수요가 있는 편입니다.

늦은 밤 시간대 수업은 신중하게 접근해야 합니다. 주변에 야간 유동 인구가 많다면 10시 타임도 가능하겠지만, 너무 늦은 시간의 격한 운동은 오히려 수면에 방해가 될 수 있어요. 저녁 늦게 수업을 운영할 경우, 강도를 낮추거나 이완 중심의 프로그램으로 편성하는 것을 추천해 드려요.

마지막으로, 요가원마다 운영 철학과 스타일이 다르다는 점을 기억하세요. 어떤 곳은 오전에만, 또 어떤 곳은 저녁에만 집중적으로 운영하기도 합니다. 이는 원장님의 성향과 삶의 방식, 그리고 요가원만의 색깔에 따라 달라질 수 있습니다. 정답은 없습니다. 중요한 것은 우리 요가원의 현실과 회원들의 필요를 균형 있게 반영해, 지속 가능한 시간표를 만들어가는 것입니다.

Q30. 프로그램을 다양하게 구성하는 것이 좋을까요?

　겉보기엔 '다양한 프로그램 = 많은 선택지 = 좋은 서비스'로 느껴질 수 있습니다. 하지만 식당에 메뉴가 너무 많으면 손님들이 '이곳은 뭘 잘하는 집일까?'라며 혼란스러워하듯, 요가원도 프로그램이 지나치게 많으면 오히려 전문성이 흐려질 수 있다는 점도 기억하세요. 요즘은 요가를 처음 접하는 분보다 여러 요가원을 경험한 분들이 많아졌습니다. 이들은 새로운 요가원을 방문할 때 '이곳만의 독특한 점은 무엇인가?'라는 질문을 품고 옵니다. 따라서 ==프로그램 구성의 핵심은 차별성과 정체성입니다. 단순히 수업의 수를 늘리는 대신, 요가원의 철학과 방향성을 명확히 드러내는 것이 중요합니다.==

　예를 들어 '힐링과 회복'을 주요 콘셉트로 삼고 있다면, 아무리 다양한 프로그램을 구성하더라도 전체적인 톤은 부드럽고 안정적인 수업으로 구성되어야 하고요. 반대로, 활동적이고 젊은 감성을 추구하는 요가원이라면 다이내믹한 시퀀스와 유연성을 높이는 프로그램들이 주를 이루는 게 자연스럽겠지요. 이처럼 일관된 콘셉트를 유지하면, 다양한 프로그램이 있어도 회원님들은 혼란 없이 요가원의 메시지를 느낄 수 있습니다.

그렇다고 프로그램을 단일하게 유지해야 한다는 뜻은 아닙니다. 여러 수업을 원하는 회원님들도 분명히 계시죠. 다만, 다양성은 요가원의 철학을 중심으로 조화롭게 펼쳐져야 합니다. 예를 들어 '정렬 기반 요가'를 베이스로 삼는 요가원이라면, 재활, 심화 정렬, 동적 명상 등으로 프로그램을 확장할 수 있고, 명상이나 프라나야마 같은 요소도 그 틀 안에서 자연스럽게 연결할 수 있겠지요. 이런 방식은 회원님들에게 선택의 폭을 제공하면서도 요가원의 중심 메시지를 유지하게 합니다.

운영자의 역량과 체력도 중요한 고려 요소입니다. 프로그램이 늘어날수록 강사 관리도 더 세심하게 이루어져야 하고, 각 수업의 품질이 균일하게 유지되어야 하니까 운영 부담이 커질 수밖에 없어요. 한 요가원에서는 경쟁 요가원과의 차별화를 위해 다양한 프로그램을 운영했지만, 결국 각 수업 스타일이 제각각이고, 강사의 전달력이나 수업의 깊이 차이가 벌어진다면서 원장님께서 고민하시던 게 기억나요.

프로그램의 다양성은 수보다 방향성이 우선입니다. 명확한 콘셉트를 바탕으로 일관된 메시지를 전달하면서, 그 안에서 회원들이 선택할 수 있도록 구성된 의미 있는 다양성이 요가원 운영에 더 큰 힘이 됩니다.

Q31. 수강료는 어떻게 책정해야 할까요?

　수강료 책정은 단순히 숫자를 정하는 문제가 아니라, 회원님들에게 품질 높은 수련을 제공하면서 요가원의 지속 가능성을 지키는 균형을 찾는 결정입니다. 회원님들께 합리적인 가격으로 질 높은 수업을 제공하고 싶지만, 동시에 요가원의 지속 가능한 성장을 고려해야 하는 현실적인 고민이 따르기 마련이죠.

　실제로 저 역시 운영 초기에는 더 많은 분들이 부담 없이 요가를 접하면 좋겠다는 생각에 낮은 가격을 고민했지만, 지나치게 낮은 수강료는 오히려 요가원의 지속 가능성과 수업의 질을 해칠 수도 있다는 사실을 느끼게 되었어요. 한 원장님은 저렴한 수강료로 많은 회원을 모았지만, 운영비를 충당하지 못해 어려움을 겪었다고 해요. 이 경험은 수강료가 단순히 회원을 끌어모으는 도구가 아니라, 요가원의 장기적인 성장을 뒷받침하는 기반임을 체감했지요.

　수강료 책정의 첫 번째 고려 요소는 운영비입니다. 요가원의 가장 큰 비용은 임대료입니다. 서울의 번화가와 지방의 주거지, 역세권과 외곽은 임대료 차이가 크죠. 예를 들어, 같은 요가 수업이라도 임대료가 높은 지역에서는 수강료가 20~30% 더 높아질 수 있습니다. 이는 수업의 질이 아니라 비용 구조의 차이 때문입니다. 요즘은 지방 중심지에서도 임대료가 만만치 않아, 서울과 수강료 차이가 크지 않은 경우도 많습니다.

　제 주위 한 원장님은 같은 브랜드로 두 곳의 요가원을 운영 중인데요. 하나는 역세권 오피스 밀집 지역, 다른 하나는 주거 중심의 외곽 상권이에요. 초기에 두 요가원의 수강료를 동일하게 책정했으나, 외곽점에서는 "조금 비싸다"는 의견이 많았고, 오피스 지역에서는 "이 수업 퀄리티에 이 가격은 저렴하다"는 피드백이 나왔대요. 저에게 이런 경우 어떻게 하면 좋을지 물으셔서 지역 특성에 맞게 이후 외곽 요가원은 횟수 중심의 합리적인 요금제, 도심 요가원은 정액제와 1:1 포함 고가 요금제로 분리 운영을 추천해 드렸어요. 다행히 두 곳 모두 회원 만족도와 수익성이 개선되었다고 하세요.

　수강료는 단순히 수업 횟수로 결정되지 않습니다. 소그룹 수업인지, 개별 교정이 가능한지, 체형 분석이나 명상 같은 특화 콘텐츠가 포함되는지에 따라 가치가 달라집니다. 체형교정요가는 정밀한 동작 교정과 개인별 피드백을 강조하므로, 대규모 수업보다 높은 가치를 제공합니다. 또한 편의 시설을 얼마나 갖추고 있는지에 따라서도 영향이 있어요.

　반면, 단순한 프로그램은 가격 경쟁력이 중요할 수 있습니다. 하지만 특화된 수업은 요가원의 전문성과 브랜드 가치를 중심으로 책정해야 합니다. 가장 중요한 건, 요가원 운영자가 어떤 방향을 지향하느냐입니다. 많은 회원을 받아 회전율을 높이는 방식도 있고, 소수 정예로 깊은 수련을 제공하는 방식도 있죠.

초기에는 주변 요가원의 수강료를 참고하는 것이 도움이 됩니다. 하지만 시세를 맹목적으로 따르기보다는, 내 요가원의 강점을 명확히 파악하고 이를 반영한 가격을 설정해야 합니다. 저희는 체형교정요가의 전문성을 살려, 회원님들이 '이곳에서만 느낄 수 있는 가치'를 경험하도록 했습니다. 이런 요소들은 수강료에 정당성을 부여하며, 회원님들에게 신뢰를 심어줍니다.

수강료에 요가원의 고유한 색깔과 전문성을 자신감 있게 담아내세요.

Q32. 홍보는 어떻게 해야 할까요?

"수업은 잘할 수 있는데, 사람들에게 어떻게 알릴까? 어떻게 해야 우리 요가원으로 발길이 이어질까?" 이 고민은 누구나 하게 됩니다.

요즘은 시대가 많이 달라졌습니다. 제가 창업했던 2011년만 해도 전단지나 현수막이 홍보의 주수단이었지만, 지금은 검색을 통해 정보를 얻고 방문하는 시대죠. 과거엔 오프라인과 온라인 홍보 비중이 5:5였다면, 이제는 온라인에 90% 집중해도 될 만큼 디지털 채널의 영향력이 커졌습니다.

온라인 홍보라고 하면 막연하게 들릴 수 있지만, 시간을 투자하면 할 수 있는 일이 많아요. 먼저 홈페이지나 블로그를 만들어 수업 정보, 시간표, 위치, 수강료 등을 정리하는 것부터 시작해 보세요. 네이버 검색 비중이 높으니 네이버 플레이스 등록은 필수이고요. 지도 노출, 문의, 리뷰, 예약까지 연결돼 편리한 검색 경로를 제공하죠. 이후 블로그에 요가나 수업의 방향에 대한 철학 등이 담긴 포스팅을 꾸준히 하는 것도 중요해요. 콘텐츠가 쌓이면 요가원의 정체성과 전문성을 보여줄 수 있고, 장기적으로는 브랜드 자산이 됩니다. 제가 꽤 오래전 작성해 둔 해부학 관련 글을 보고 깊이 공감한 분이 최근에 멀리서 찾아와 등록을 하신 일이 있었어요. 그때 '온라인은 단지 홍보 수단이 아니라, 시간이 지나도 계속해서 누군가와 연결될 수 있는 창구'라는 걸 다시 한번 느꼈어요.

SNS 운영도 중요한 채널입니다. 수업 분위기, 강사님 소개, 공간 사진, 후기를 올리면 좋습니다. 핵심은 우리 요가원이 어떤 곳인지 콘셉트 있게 보여주는 거예요. 사진 몇 장, 글 몇 줄만으로도 '아, 이 요가원은 이런 분위기구나' 하고 느껴지도록요. 저는 요가원 운영에 육아까지 해야 해서 최근 몇 년간 SNS 홍보를 적극적으로 못 했지만, 늘 신경 쓰이는 부분이기도 해요.

혼자서 모든 걸 하긴 어렵죠. 저도 초기에 수업, 상담, 청소, 홍보를 동시에 하려다 보니 온라인 관리까지 챙기기 힘들었어요. 이런 온라인 채널에 글을 부지런히 올리다가도 손을 놓곤 했고, 그러다 회원 유입이 줄면 '홍보가 부족한 탓인가?' 걱정하곤 했죠. 다행히 제가 소속된 요가 협회에서 온라인 마케팅 정보와 도움을 많이 주셔서 다시 방향을 잡을 수 있었어요.

요가원 규모가 크거나 혼자 감당하기에 벅차다면 협회에 도움을 요청하거나, 마케팅 담당 직원을 두는 것도 고려해 보세요. 요즘은 20~30만 원대로 SNS 운영을 지원하는 소규모 업체들이 많아, 부담 없이 외부 도움을 받는 것도 좋은 전략입니다.

그런데 시간이 지나면 진짜 홍보는 회원이 해줍니다. 요가원이 자리 잡으면 새로운 사람을 찾는 것보다 기존 회원에게 집중하는 게 더 중요한 시점이 오는데요. 만족한 회원분들이 지인에게 추천하며 입소문이 나죠. 이사로 더 이상 못 오시는 회원님이 지인에게 "요가 하려면 거기 꼭 가봐" 하고 추천하거나, 맘카페에서 예전 회원분들이 저희 요가원을 추천하는 글을 본 적도 있어요. 이런 효과는 광고로 만들 수 없는 거잖아요.

그래도 온라인 관리는 꾸준히 해야 합니다. 홍보에 큰 힘을 들이지 않아도 되는 단계가 와도, 처음 찾는 분들은 검색으로 정보를 접하니까요. 온라인 창구를 꾸준히 관리하며 '운영 중입니다'라는 신호를 주는 것만으로도 신규 회원 유입에 큰 도움이 돼요.

지역 연령대나 생활 방식에 따라 오프라인 홍보도 여전히 효과적일 때가 있어요. 중장년층이 많은 지역에서는 "지나가다 간판 보고 들어왔어요"나 "1층 배너 보고 올라와 봤어요" 하시는 분들이 많죠. 그래서 간판, 배너, 입구 분위기 같은 현장 인상 관리도 중요합니다. ==홍보는 처음엔 바빠서 놓치기 쉽고, 나중엔 자리가 잡혔다고 멈추기 쉬운 일이에요. 하지만 요가원은 알려야 오는 곳입니다.==

Q33. 오픈 이벤트는 하는 것이 좋을까요?

"안정적으로 자리 잡아 가시죠?"

"초기에 북적이던 회원들이 많이 바뀌고, 새로운 회원들로 채워가고 있어요. 그런데 쉽지는 않네요."

오픈 이벤트를 파격적으로 진행한 원장님과 몇 개월 후의 통화였어요. 오픈 전 등록 시 50% 정도의 가격할인으로 꽤 많은 회원 수를 확보했지만, 시간이 지나자 이탈도 많았던 거죠.

이런 이야기를 들으면 "오픈 이벤트를 해야 할까?"보다, "한다면 어떻게 해야 할까?"가 더 중요한 질문이 됩니다.

요즘은 '프리세일(사전 판매)' 형태의 사전 모집이 인기 있죠. 인테리어 공사가 끝나기 전에 현수막을 걸고 오픈 전부터 회원 등록을 받는 방식이에요. 이 방식은 오픈 직후 빠른 회원 확보와 매출 창출이 가능하다는 장점이 있어 요가 업계에서도 널리 활용되고 있습니다. 이때 등록하는 회원들에게 파격적인 할인을 제공하는데요. 저도 처음에 이야기를 듣고 낯설었는데 오픈을 알리는 데에는 꽤 효과가 있다고 하더라고요.

하지만 장점이 있는 만큼, 주의해야 할 점도 있습니다. 프리세일은 보통 전문 마케팅 업체를 통해 진행되는데, 이 과정에서 요가원의 이미지가 잘못 전달될 수 있어요. 상담 멘트나 문구 하나가 큰 영향을 미칠 수 있습니다. 또한, 과도한 할인은 요가원의 전문성과 신뢰도를 떨어뜨릴 수 있어, 스스로 가치를 깎는 일이 될 수 있다는 경계의 목소리도 있습니다.

오픈 이벤트를 꼭 해야 할까요? 요가원의 상황, 규모, 방향성에 따라 전략적으로 선택해야 한다고 생각합니다. 상권 내 경쟁이 치열하고 요가원이 많은 지역이라면 초기에 눈에 띄기 위해 이벤트가 필요할 수 있습니다. 규모가 크고 동시에 운영되는 수업이 많다면 회원 수 확보를 위해 이벤트를 적극 활용하는 게 좋죠.

반면, 주변에 요가원이 거의 없거나 수업 철학이 명확히 차별화된다면 굳이 파격적인 이벤트를 하지 않아도 느리지만 안정적으로 자리 잡을 수 있습니다. 1인 운영 요가원이나 소수 정예 수업을 지향한다면 무리한 이벤트는 수업의 질을 해칠 수 있어요. 너무 많은 회원이 단기간에 몰리면 상담, 수업 관리, 공간 정비 등이 불균형해질 수 있으니까요.

2년 전 오픈한 한 원장님은 가격 이벤트를 진행하지 않았다고 해요. 처음엔 "조금 비싼 것 같아요"라며 돌아가는 분들도 있었지만, 요가원의 가치와 수업에 집중한 덕분에 믿고 다니는 요가원으로 자리 잡고 있다고 해요. 오픈 이벤트를 하기로 했다면 가격을

과도하게 낮추기보다는 혜택의 방식에 신중하세요. 예를 들어 '오픈 기념, 3개월 등록 시 1개월 연장', '선착순 20명, 1개월 무료 체험권 제공', '오픈 기념 등록 시 요가 매트 증정'.

이런 방식은 등록 가격을 유지하면서도 매력적인 혜택을 제공합니다. 가격을 지나치게 낮추면 재등록 시 정상가에 부담을 느끼는 회원들이 생기고, 운영자는 이벤트를 반복해야 하는 악순환에 빠질 수 있습니다. 이는 정상 수강료의 의미를 흐리고 요가원의 가치를 흔들 수 있어요. 오픈 이벤트는 얼마나 많은 사람을 모을 수 있느냐보다, 얼마나 오래 함께할 사람을 만드느냐가 핵심이에요. ==혜택은 남기되, 가치까지 깎지 마세요. 이 문장을 저는 오픈 이벤트를 고민하는 분들께 꼭 전하고 싶어요.==

Q34. 수업 준비에 필요한 도구는 어떻게 구입할까요?

요가원 운영을 시작할 때 가장 기본이자 필수적인 준비물 중 하나가 바로 수업에 필요한 도구들입니다. 특히 요가 매트나 블록 같은 도구는 회원이 함께 사용하기 때문에 수업 정원만큼은 꼭 준비되어 있어야 해요. 보통 소규모 요가원이라면 10개 내외부터, 중대형 요가원은 30개 이상까지 준비하는 예도 많죠. 일단 수량이 많아지다 보니 도매가로 구매하는 것이 기본이라고 보시면 됩니다.

요가 도구의 도매 거래는 대부분 사업자등록증이 있으면 가능합니다. 국내에는 스포츠용품 도매 사이트, 대형 온라인 쇼핑몰, 피트니스·요가 전문 유통업체가 다양하게 있어요. 우선 온라인 몰을 통해 원하는 디자인이나 재질을 선택했다면 전화나 이메일로 사업자임을 밝히고, 견적을 요청하면 도매가와 샘플, 배송 조건 등을 안내받을 수 있습니다. 저도 인터넷 검색을 통해 몇몇 브랜드에 문의했는데, 대부분 빠르고 친절하게 응대해 주셨고, 어떤 곳은 샘플 제품까지 보내주셔서 실제 촉감이나 질감, 탄성 등을 비교해 볼 수 있었어요. 매트나 블록처럼 직접 피부에 닿는 제품은 위생이나 내

구성이 중요하기 때문에 이런 실물 확인 절차가 꽤 도움이 되었습니다.

처음 매트 구매를 고민할 때 저도 솔직히 '우선 저렴한 걸로 써보다가 교체해야지'라는 생각을 했는데요. 저렴한 매트는 처음에 냄새를 빼는 데만 며칠이 필요했고, 수련에 몰입을 방해하기도 해서 이후로는 냄새가 나지 않고 무독성인 제품을 꼭 확인하고 있습니다. 많은 요가원에서는 비교적 가볍고 무독성인 TPE 소재의 매트를 가장 많이 사용하는데, 가격도 부담이 덜하고 냄새도 거의 없고 관리가 쉬운 편이에요. 반면 천연 고무 소재는 접지력은 우수하지만, 무겁고 가격이 높은 편이라 수량이 많으면 부담이 될 수 있습니다. 매트 이동이 많은 경우 무게도 중요한 요소예요.

요즘은 환경을 고려해 친환경 소재의 도구를 찾는 분들도 많습니다. 천연 고무, 코르크, 면 소재의 스트랩 등은 가격대는 조금 높지만 친환경성과 고급스러움을 동시에 챙길 수 있어 요가원의 방향성과 잘 맞는다면 브랜드 이미지 구축에도 도움이 됩니다. 저도 최근에 코르크 볼을 구매했는데, 친환경적인 느낌이 좋아서 회원분들이 더 신뢰감을 느끼시는 것 같아요.

최근에는 소규모 요가원이나 필라테스 스튜디오를 위한 소량 주문, 로고 인쇄 서비스도 활성화되어 있더라고요. 원하는 색상, 두께, 사이즈, 로고 인쇄 등 맞춤 제작이 가능하니 자체 브랜드 이미지를 활성화하기 위한 목적이라면 로고를 넣는 방법을 선택해도 좋을 것 같아요.

　또 하나의 팁은, 한꺼번에 모든 도구를 구입하기보다는 오픈 클래스나 프리 오픈 기간을 운영하면서 반응을 보고 추가 구매하는 것도 좋아요. 예를 들어 처음엔 블록만 준비했는데, 회원들의 체형이나 수련 수준을 보다 보니 스트랩과 무릎 보호용 패드가 필요하다는 걸 알게 될 수도 있어요. 만약 처음부터 모두 구입했다면 쓸모없는 도구도 생겼을 텐데, 실제 수업 상황을 반영하다 보면 효율적인 구성이 가능할 거예요. 그리고 이왕이면 처음부터 오래 쓸 수 있는 걸로 내구성을 고려해서 구입하세요. 장기간 쓰다 보면 교체해야 하는 시기가 오긴 하는데, 폐기하는 것도 일이고 새로 구입하는 비용도 만만치 않거든요.

　도구 구입은 단순히 필요하니까 준비하는 것이 아니라, 수업의 스타일과 요가원의 방향성을 결정하는 중요한 첫걸음입니다. 회원들이 처음 들어와 가장 먼저 마주하는 것이기도 하고, 반복적으로 사용하는 것이기에 신중하게 고르되, 너무 어렵게 생각하지 말고 우선 소통이 잘 되는 업체 한두 곳과 꾸준히 거래를 이어가면 점차 노하우가 쌓이게 될 거예요.

Q35. 공용매트와 개인매트를 어떻게 사용해야 하나요?

"매트를 사야 하나요?" "공용매트 써도 되나요?"라는 질문은 등록 시 회원님들이 자주 하시는 질문입니다. 결론부터 말씀드리자면 개인 매트를 사용하는 것이 청결, 위생, 수련 몰입도 면에서 훨씬 좋습니다. 같은 매트를 두고 어떤 분은 "미끄럽다"고 느끼시고, 다른 분은 "편안하다"고 하시죠. 개인매트는 이런 개별 취향을 충족하며, 나만의 공간이라는 인식을 심어줍니다. 이러한 인식을 통하여 수련에 대한 집중도와 애정이 더 깊어지는 것 같아요.

하지만 현실적으로, 요가를 처음 시작하는 분들께 매트 구입을 즉시 권하기는 어려워요. 어떤 매트를 골라야 할지 모르고, 꾸준히 수련할 수 있을지 확신이 없는 시기이기 때문이죠. 저희 요가원에서는 코로나 이후 공용매트를 사용할 때 매트 전용 타월을 깔도록 안내해 드리고 있어요. 세탁할 수 있는 타월은 위생 관리를 쉽게 해주고, "포근해서 더 좋다"는 피드백도 있었습니다. 타월 덕분에 위생에 대한 걱정이 훨씬 줄어드니까 처음 오시는 분들께도 심리적인 부담이 덜하게 되었죠.

반대로 오랜 기간 수련하시는 분들은 개인 매트를 사용하시는 경우가 많아요. 단, 개인 매트를 사용하는 분들에겐 매트 상태를 꾸준히 잘 관리해 주실 것을 꼭 안내해 드려요. 시간이 지나면 고무가루가 떨어지거나, 매트가 들뜨는 경우가 있는데 그럴 땐 새 매트로 교체하시는 걸 권유해 드리고요.

공용매트는 초보자들에게 수련 진입 장벽을 낮춰주는 장점이 있습니다. 하지만 회원이 많아질수록 청소와 위생 관리의 부담이 커집니다. 저희도 타월을 필수로 사용하기 전엔 공용매트 소독에 시간을 들였지만, 바쁜 날에는 관리가 쉽지 않았어요.

그래서 가능하면 일정 기간 수련 후 개인매트로 전환하도록 유도하는 것이 좋습니다. 예를 들어, 첫 한 달은 공용매트를 사용하고, 이후에는 개인매트를 권장하거나, 3개월 이상 등록 시 매트 보관 서비스 제공 같은 정책을 적용할 수 있습니다.

다만, 개인매트 보관에는 공간의 제약이 따릅니다. 저희 요가원은 보관 공간이 넉넉하지 않아 모든 회원님께 개인매트를 권장하기 어려운 상황입니다. 공간이 부족한 요가원에서는 현실적인 한계가 있죠.

다양한 상황과 요인이 있으므로 요가원의 성격, 수업 스타일, 공간의 여건에 맞게 그 기준을 잘 세워보세요. 운영하다 보면, 회원분들도 자연스럽게 어떤 방식이 본인에게 더 잘 맞는지 찾아가시게 될 거예요.

Q36. 운영비를 절약하는 법은 어떻게 세팅해야 하나요?

요가원을 운영하다 보면 생각보다 많은 고정비가 들어갑니다. 임대료, 관리비, 난방비, 전기세, 소모품비……. 하나하나 따로 보면 작아 보여도 매달 쌓이다 보면 꽤 큰 부담으로 다가오죠. 이 중 절약할 수 없는 부분도 있지만, 아낄 수 있는 부분도 있더라고요.

저도 초창기에 운영비를 아끼기 위해 여러 가지 노력을 했는데, 불가능한 부분들이 있었습니다. 특히 난방비가 정말 큰 고민거리였어요. 요가원 건물 자체가 오래된 건물이다 보니 단열이 잘 안 되는 편이었죠. 그래서 겨울에는 난방에 신경을 많이 쓰게 됩니다.

몇 년 전까지만 해도 한겨울에는 바닥 온도가 너무 떨어져서 아침 일찍 난방을 켜도 도무지 데워지지 않았어요. 그래서 한파에는 밤새도록 난방을 아주 약하게 틀어둔 채로 퇴근하거나, 더 일찍 출근해서 두세 시간 전에 미리 켜둬야 했습니다. 그러지 않으면 추운 수련실이 너무 신경 쓰였기 때문이죠. 난방비를 아끼고 싶어도 아낄 수 없는 상황이었어요.

문제는 이게 체력적으로도 너무 힘들고 운영비에도 꽤 부담

됐다는 점이에요. 하지만 요즘은 다행히도 스마트폰 앱으로 난방이나 온풍기, 조명을 원격으로 조절할 수 있습니다. 난방 문제로 꽤 고생했기 때문에 처음에 이 제품을 발견했을 때 유레카를 외쳤죠. 퇴근하면서 타이머로 설정해 두거나, 집에서 아침 일찍 버튼만 누르면 도착할 때쯤 딱 따뜻하게 준비되더라고요. 매일 시간을 설정해 두면 자동으로 켜지고 꺼지게 할 수 있어서 편리하고, 전기세도 아낄 수 있어요. 예전에는 퇴근 시 가끔 난방을 끄는 걸 깜빡해 밤새도록 난방이 돌아가서 난방비 폭탄을 맞은 적도 있었으나, 이런 시스템 덕분에 이제는 실수할 일이 없어서 매우 만족하고 있습니다. 주위 원장님들께도 추천해 드렸더니 많이들 사용 중이세요. 제가 처음 사용할 땐 제품이 한 가지였는데, 요즘은 다양한 IOT(사물 인터넷) 제품들이 있더라고요.

지금 창업을 준비하신다면 이런 시스템을 초반에 잘 갖춰두면 운영비도 절약되고, 체력 소모도 줄고, 무엇보다 시간 관리가 훨씬 편해집니다. 또 다른 팁은 공간의 난열 상태를 최대한 점검하고 개선하는 거예요. 창문 틈새나 문 아래로 바람이 들어오는 곳은 난방 효율을 굉장히 떨어뜨립니다. 저희는 이중창 시공을 한 후로 창문에서 드는 바람이 많이 줄었어요. 작은 틈막이 테이프 하나 붙였을 뿐인데 실내 온도 유지가 훨씬 좋아진 경험도 있죠.

한 원장님은 작년에 요가원을 이전하셨는데, 새로운 공간이 자연광이 잘 드는 곳이라 운영비 절약에 큰 도움이 됐다고 하셨어요. 낮 수업에는 전등을 거의 켜지 않아도 되고, 햇빛이 주는 따뜻함 덕분에 겨울철 난방비도 줄었다고 해요. 공간을 고를 때 구조나 위치를 조금 더 고민하면 에너지 비용을 확 줄일 수 있다는 걸 느끼셨다고 하더라고요.

또 다른 경우는 저녁 시간대만 요가 수업을 운영하는 요가원 원장님이 낮 시간대를 비워두는 게 아깝다고 생각해 타 업종 프리랜서와 공간 공유를 한 사례예요. 공간을 시간 단위로 나누어 대여하면서 월 임대료의 약 30%를 상쇄했고, 서로 교차 홍보가 되면서 뜻밖의 마케팅 효과도 봤다고 해요.

==운영비 절약은 한 번에 큰돈을 아끼는 게 아니라, 작은 비용들을 얼마나 현명하게 세팅하고 관리하느냐에 달려 있습니다.== 이런 것들이 쌓이면 1년에 몇백만 원 단위의 차이를 만들 수 있어요. 무리하게 절약할 필요는 없지만, 지혜롭게 덜 쓰고 더 나은 환경을 만드는 방법은 분명히 존재한다고 믿어요.

Q37. 보험은 드는 것이 좋을까요?

저 역시 처음 요가원을 시작할 때 '보험을 꼭 들어야 할까?' 하는 마음이 있었고, 실제로 초창기에는 보험 없이 운영했어요. 수업을 안전하게 잘 진행하면 괜찮을 것 같기도 했고, 비용 부담도 있으니까요. 그런데 운영을 오래 하다 보니 생각이 달라졌습니다.

요가 수업은 비교적 부상의 위험이 낮은 편이라고 여겨지지만, 사실 수업 중에 일어나는 일은 예측할 수 없습니다. 회원님이 평소보다 몸 상태가 안 좋은 날이거나, 수련 중 갑작스럽게 근육이 놀라거나 미끄러지기만 해도 사고로 이어질 수 있어요.

아무리 주의를 기울여도, 사고는 언제든지 생길 수 있다는 점을 늘 염두에 두셔야 합니다. 어느 날은 한 회원님이 피곤한 상태로 오셨다가 균형을 잡다 살짝 미끄러졌고, 다른 날은 갑자기 허리에 통증이 느껴진다는 분도 계셨습니다. 다행히 큰 사고는 아니었고 응급처치로 괜찮아지셨지만, 그런 순간마다 "만약 조금 더 크게 다쳤다면?" 하는 아찔한 생각이 들었죠.

그 후로 저는 보험을 선택이 아니라 필수적인 안전장치라고 생각하게 되었습니다. 큰 문제 없이 넘어가면 다행이지만, 한 번의 사고가 큰 책임으로 돌아올 수도 있기 때문이에요.

지인 요가원 원장님 한 분은, 회원 한 분이 수업 중 손목을 다치는 사고가 있었다고 해요. 큰 부상은 아니었지만 치료비와 책임 소재에 관해 이야기가 오가면서 원장님께 큰 심리적 부담이 되었다고 해요. 결국 치료비는 원장님이 전액 부담하셨고, 그 일을 계기로 영업배상책임보험에 바로 가입하셨다고 해요.

"그때 보험이 있었더라면 훨씬 원만하게 해결됐을 텐데"라는 말씀을 들으며, 저도 바로 보험을 알아봤던 기억이 나요. 또 한 가지는 요가원 공간에 대한 보험입니다. 건물에 화재나 누수가 발생했을 때, 많은 분들이 '건물주가 화재보험을 들어놨으니 괜찮겠지'라고 생각하시는데, 실은 건물 보험이 임차인의 시설이나 집기, 책임까지 다 커버하지 않습니다. 요가원 내 매트, 소도구, 집기 등이 화재로 소실됐을 때, 누수로 아래층 상가에 피해가 갔을 때, 이런 경우 별도로 가입한 화재보험이나 시설배상책임보험이 있어야 보상받을 수 있습니다. 건물 자체의 화재보험과 공간 내 보상은 별개이기 때문이에요.

주위에서 일어나는 사례들을 보며 보험은 단지 사고에 대한 보상 차원에서만 의미 있는 게 아니라는 것을 느꼈어요. 예기치 못한 상황이 생겼을 때, 운영자가 감당해야 할 법적 책임, 치료비, 손해배상 협의 과정에서 보험은 든든한 보호막이 되어주더라고요.

무엇보다 심리적으로 훨씬 안심할 수 있을 거예요. 만약 사고가 발생했을 때 운영자가 불안해하거나 책임 회피처럼 보이면 회원과의 신뢰도도 흔들릴 수 있습니다. 반면, "걱정 마세요. 보험 처리로 도와드릴게요"라는 말 한마디는 상황을 원만하게 정리하는 데 큰 역할을 할 것이라 생각해요.

물론 아무 일도 일어나지 않으면 가장 좋지만, 보험은 만약의 상황에 대비해 든든한 버팀목을 하나 만들어두는 셈이에요. 보험에 가입하면 예기치 못한 사고가 발생했을 때 치료비나 보상금이 보험사에서 지급되기 때문에, 운영자로서는 심리적으로도 훨씬 든든합니다.

Q38. 정부지원금을 받는 방법이 있나요?

요가원 창업을 꿈꾸며 정부지원금을 알아보고 있다면, 정말 좋은 첫걸음을 내딛으신 거예요. 정부지원금은 이런 따뜻한 꿈을 현실로 만드는 데 큰 힘이 될 수 있죠.

처음엔 정부지원금이 복잡하고 멀게 느껴질 수 있어요. 제가 2011년 요가원 창업을 시작할 시기에는 지원제도가 풍성하지 않았는데 요즘은 잘 찾아보면 정말 다양한 지원 정책이 있더라고요. 중요한 건 나에게 맞는 지원 사업을 찾고, 준비를 꼼꼼히 하는 거예요.

첫 번째로 추천할 건 스포츠산업 예비초기창업지원 프로그램이에요. 국민체육진흥공단에서 운영하며, 요가원처럼 스포츠산업 분야의 예비창업자나 창업 3년 미만 기업을 지원해 줘요. 명확한 콘셉트 잡으면 경쟁력이 높아질 수 있어요. 평균 4,500만 원(최소 3,150만 원~최대 5,850만 원)의 사업화 자금을 받을 수 있고, 창업 교육, 멘토링, 시제품 제작 같은 프로그램도 제공돼요. 신청은 스포츠산업 지원 홈페이지(spobiz.kspo.or.kr)에서 온라인으로 가능해요. 요가 매트, 공간 인테리어, 마케팅 비용 등 창업 초기 자금으로 활용하기 딱 좋죠.

두 번째는 스포츠산업 창업도약지원이에요. 창업 3년 이상 7년 미만 기업을 대상으로 하지만, 다른 창업지원 프로그램(예: 예비초기창업지원)을 수료한 3년 미만 기업도 신청할 수 있어요. 요가원이 초기 단계를 지나 지역사회에 뿌리내리며 성장하려 할 때 유용하죠. 평균 5,000만 원의 사업화 자금을 지원하며, 투자 유치 교육, 네트워킹, 사업 고도화 컨설팅 같은 프로그램이 포함돼요. 역시 스포츠산업 지원 홈페이지에서 신청하면 돼요. 요가원의 커뮤니티 프로그램 확장이나 운영을 위한 자금으로 쓸 수 있어요.

세 번째는 스포츠산업 금융지원 프로그램이에요. 국민체육진흥공단이 제공하는 융자와 이차보전(이자 지원)으로, 요가원 같은 스포츠서비스업체가 신청할 수 있어요. 2025년엔 2,415억 원 규모의 융자(2.87% 변동금리, 최대 10년 상환)와 1,030억 원의 이차보전(2.5% 이자 보전, 3년 상환)을 지원해요. 임대료, 장비 구입, 운영 자금이 필요할 때 큰 도움이 되죠. 접수는 스포츠산업 지원 홈페이지나 튼튼론 누리집에서 신청 가능해요. 문의는 융자지원 콜센터(1566-4573)로 하면 돼요.

지원금을 받으려면 몇 가지 준비가 필요해요. 첫째, 사업계획서가 중요해요. 요가원의 비전(예: 친환경 요가원, 시니어 특화 클래스), 지역 수요 분석, 예상 비용과 수익을 구체적으로 담아야 해요. 스포츠산업 지원 홈페이지의 양식을 참고하거나, 창업지원센터의 무료 교육을 활용해 보세요. 둘째, 공고 시기를 놓치지 않는 거예요. 2월 중순~3월 초에 접수가 몰리니, 미리 서류를 준비해 두면 좋아요. 셋째, 서류 작업을 꼼꼼히 해야 해요. 사업자등록증(창업 후 필요), 매출 증빙(창업 기업의 경우), 개인정보 동의서 등을 빠뜨리지 말고 체크하세요.

현실적으로 지원금은 경쟁이 치열하고, 서류나 후속 절차(증빙, 보고서)가 번거로울 수 있어요. 그러나 지원금을 받는 건 단순히 자금이 아니라, 내 꿈을 더 단단히 만드는 여정이에요. 내 요가원의 이야기를 구체화하여 준비한다면, 지원금은 꿈을 현실로 바꾸는 든든한 동반자가 될 수 있지 않을까요.

Q39. 요가 외에 배워야 할 것은 어떤 것인가요?

　　요가원 운영을 하면서 가장 크게 느낀 건 '요가만 잘해서 되는 일은 아니구나'라는 점입니다. 물론 수업의 질이 기본이고 중심입니다. 하지만 막상 요가원을 운영하다 보면 내가 직접 챙겨야 할 것들이 정말 많습니다.

　　그래서 저는 종종 요가 지도자이자 동시에 매니저, 마케터, 디자이너, 심지어는 인테리어 감리자 역할까지 겸하게 되는 기분이 들어요. 물론 다 제가 할 수 있는 영역은 아니지만요. 예를 들면, 홍보물 하나만 만들어도 그렇죠. 배너, 현수막, 리플렛, 인스타 피드 이미지까지 매번 디자인 업체에 맡기자니 비용이 부담되고, 디테일한 수정이 필요할 땐 바로바로 손을 대기도 어렵습니다. 몇 년 전까지는 디자인 업체에 맡겨야만 가능했던 퀄리티가 요즘은 Canva나 미리캔버스 같은 초보자도 쉽게 쓸 수 있는 무료 디자인툴 덕분에 기술적인 부담이 훨씬 줄었습니다. 정말 요긴해요.

　　그리고 꼭 디자인 기술이 아니더라도, 운영자로서 배워야 하는 건 정말 다양합니다. 간단한 회계 지식이나 세금에 대한 기본적인 이해가 있으면 세무사님과 상담할 때도 헷갈리지 않고, 카드 단말기, 매출 장부, 현금영수증 같은 소소한 행정 처리도 매끄럽게 할 수 있죠. 또 요즘은 온라인 예약 시스템을 쓰는 곳이 많다 보니 간단한 엑셀, 구글 스프레드시트 같은 것들도 익혀두면 좋습니다. 수업 스케줄표, 회원 관리표, 월별 출석 체크표 등을 스스로 만들 수 있는 능력은 꼭 필요한 생활 기술처럼 느껴져요.

제가 아는 원장님 한 분은 한동안 사진도 혼자 배우셨어요. 요가 수업 사진, 공간 사진, 이벤트 현장 사진 등을 SNS에 올릴 일이 많잖아요. 스마트폰으로만 찍다가, 조금 더 감각적인 이미지를 찍고 싶다고 카메라 사용법도 배우는 걸 봤습니다. 물론 요즘은 스마트폰 사진도 워낙 성능이 좋아서 구도를 좀 익히고 밝기만 잘 조절해도 충분히 괜찮은 결과물이 나옵니다. 이처럼 사진을 잘 찍는 능력도 요가원 운영에 도움이 되더라고요.

물론 모든 걸 다 잘할 필요는 없습니다. 저는 그렇게 부지런한 편이 아니라 재능이 없다고 느껴지는 분야는 직접 하지 않는 편이에요. 다만 요가 외에도 운영이라는 큰 그림 안에서 내가 조금이라도 더 잘할 수 있는 영역이 생긴다면 그만큼 요가원이 더 안정적으로 굴러갈 수 있다는 겁니다.

특히 혼자 운영하시는 분들이라면 더더욱, 이런 작은 기술 하나하나가 시간과 비용을 아끼고, 스트레스를 줄여주는 꽤 강력한 무기가 될 수 있어요.

Q40. 회원 관리 시스템은 어떻게 구축해야 할까요?

요즘은 회원 관리 시스템이 굉장히 중요해졌습니다. 저는 기존에 운영되던 요가원을 인수해서 시작한 사례예요. 당시에는 엑셀로 수기 관리 방식을 사용하고 있었고, 제가 강사로 일하던 곳이라 자연스럽게 그 시스템에 익숙해져 있었습니다. 그래서 운영을 시작한 후에도 꽤 오랫동안 같은 방식으로 관리했죠.

수기 관리의 장점은 분명해요. 회원들의 출석률, 건강 상태, 수련 목표, 피드백 등을 한눈에 볼 수 있어서 그날그날 안부를 묻고, 수업 방향을 세심하게 조정하는 데 큰 도움이 됐지요. 강사님들도 회원 이름을 빨리 외워 소통이 더 원활한 장점도 컸고요.

하지만 단점도 명확했어요. 번거롭다는 거죠. 회원 관리 프로그램 도입을 몇 번 고려해 봤지만, 당시 강사님들이 수기 관리의 장점을 더 크게 여기셔서 쉽게 바꾸지 못했어요. 그런데 제가 출산으로 요가원을 잠시 비워야 했을 때, 강사님들의 번거로움을 덜고 누구나 쉽게 공유할 수 있는 시스템이 필요하다는 걸 느꼈습니다.

그래서 그때부터 회원 관리 프로그램을 도입했어요. 출석,

결제, 수강권 관리까지 앱이나 웹사이트로 관리할 수 있는 시스템을 쓰니 운영이 훨씬 수월했지요. 요즘엔 예약제 수업을 운영하는 곳이 많은데 예약까지 연동되는 시스템을 이용하면 더 편리하겠더라고요.

물론 프로그램을 쓰면서 아쉬운 점도 있습니다. 수기 관리 시절처럼 회원님들에 대한 세심한 관찰과 기록이 한 눈에 파악되던 부분들을 프로그램만으론 완전히 대체할 수 없더라고요. 그래서 저는 프로그램에만 의존하지 않고, 회원님 한 분 한 분을 바라보고 변화와 컨디션을 기억하려는 노력을 계속하고 있어요.

회원 관리 프로그램을 구축하기 전 확인하면 좋을 것들을 정리해 봤어요.

사용 편의성 : 요가원 운영에 복잡한 항목은 필요 없어요. 원장님과 강사님들이 쉽고 빠르게 적응할 수 있는 직관적인 인터페이스가 중요합니다. 무료 체험 기간을 활용해 직접 사용해 보고, 의견을 모아 결정하는 게 좋아요.

주요 기능 : 회원 등록 및 정보 관리, 출석 체크, 수강권 관리, 예약 시스템, 결제 관리, 문자 발송, 통계 및 분석 기능 등 요가원 운영에 필요한 핵심 기능을 꼼꼼히 확인해야 합니다.

수기 관리 장점 흡수 : 수기 관리의 장점을 살릴 수 있는 기능을 찾아야 해요. 대시보드 기능이나 회원별 주요 정보를 한 화면에서 볼 수 있는 프로그램이 좋죠. 홀딩 사유를 기록할 수 있는 공간도 중요해요. 홀딩 사유를 아는 건 회원 관리에 큰 도움이 되니까요. 그래서 지금 사용 중인 프로그램에서 아쉬운 부분이라 보완을 요청 드리기도 했어요.

고객 지원 : 프로그램 사용 중 문제가 생겼을 때 신속하고 친절한 고객 지원이 있는지 확인해야 해요. 이전에 사용했던 프로그램은 문제 발생 시 연락이 잘 안돼 불편했는데, 지금은 고객 지원이 빠른 프로그램으로 바꿔 만족하고 있어요.

Q41. 수업과 운영 중 어디에 집중해야 할까요?

　　수업을 잘하는 건 기본 중의 기본이지만, 막상 요가원을 창업하면 '운영'이라는 또 다른 세상이 펼쳐집니다. 초기엔 저도 수업을 많이 했습니다. 하루에 레슨을 포함해 여섯 일곱 타임 이상을 맡는 날도 있었고, 수업 외 시간에는 상담하고 청소하고, 전화 받고, 포스팅하고, 출석부 정리하고, 게시판 챙기고. 말 그대로 하루 종일 요가원 안에서 살다시피 했죠. 그러다 보니 요가원에 있는 시간이 12시간을 넘는 날도 많았고, 시간보다 더 고된 건 체력과 정신력이 점점 고갈된다는 점이었어요. 그래서 어느 순간, '내가 지금 수업을 하고 있는 건지, 요가원에서 내가 점점 없어지고 있는 건지 잘 모르겠다'는 생각이 들었어요. 그때부터 질문의 방향이 조금 달라졌습니다. "내가 잘할 수 있는 건 무엇이고, 지금 이 시점에서 내가 꼭 해야 하는 일은 무엇인가?"

　　수업을 맡아주시는 강사님들이 믿음직하다면 운영에 더 집중하는 게 맞는 시기도 있고, 또 어떤 때는 원장이 직접 수업에 나서야 요가원의 방향성과 에너지가 분명해지는 시기도 있습니다. 제가 느낀 건, 정답은 없다는 겁니다. 다만, 운영과 수업 사이에서의 균형을 어떻게 잡느냐가 중요하다는 거죠.

특히 원장이 직접 수업할 때는 회원들과의 신뢰가 단단해지고, 요가원만의 색이 자연스럽게 전달돼요. 회원들도 '이곳의 중심은 어떤 색일까?'에 대해 직접 느낄 수 있으니까요. 게다가 저는 수업을 할 때 가장 '나'다워지는 기분이 들어요. 다른 일들로 지쳐있다가도 수업에서 회원들과 호흡하고, 작은 변화에 함께 기뻐하고, 그 안에서 저 자신도 성장하고 있다는 걸 느끼면 다시 내가 왜 이 일을 시작했는지를 떠올리게 됩니다.

물론 체력적인 한계는 현실입니다. 저처럼 하루 12시간씩 요가원에 있으면서 모든 걸 혼자 감당하려고 하면 오래 가기 어려워요. 그래서 어느 순간부터는 제가 꼭 해야 할 일과 강사님들께 부탁드릴 수 있는 일, 외부의 도움을 받아도 괜찮은 일을 나누는 연습을 했습니다. 예를 들어 제가 꼭 가지 않아도 신규 상담을 친절히 안내해 주실 강사님이 있다면 부탁드리고, 정산, 홍보물 제작처럼 외부 도움을 받을 수 있는 일은 외부인력을 활용하기도 해보면서요.

결국 요가원은 하나의 작은 조직입니다. 그 조직이 건강하게 돌아가기 위해선 원장이 모든 걸 다 짊어지는 것이 아니라, 적절한 시점에 역할을 조율하고 분산시키는 것이 운영자로서의 중요한 역량이더라고요.

Q42. 요가원 원장의 하루일과는 어떤가요?

요가원 운영을 처음 시작했을 때는 하루 12시간 이상을 요가원에서 보내는 날이 많았습니다. 오전 수업 준비를 위해 일찍 출근하고, 밤 10시 마지막 수업까지 마치고 나서야 퇴근하는 생활이 반복됐죠. 당시엔 '내가 항상 자리를 지켜야 한다'는 생각이 강해서, 수업이 없는 시간에도 쉽게 자리를 뜨지 못했습니다. 처음엔 집이 멀어서 그런 줄 알았는데, 요가원 근처로 이사한 뒤에도 마찬가지였어요. 빈 시간에 잠깐 집에 다녀올 수 있음에도 불구하고, 그러지 못하고 있더라고요.

초기에는 정말 할 일이 많았습니다. 수업 준비는 물론이고 청소, 회원 상담, 문자 발송, 소모품 관리, SNS 운영까지 모든 업무를 직접 챙기게 되죠. 운영에 익숙하지 않다 보니 작은 일도 오래 걸리고, 시행착오를 겪으며 종일 시간을 보내기도 했죠. 자연스럽게 하루 종일 머릿속은 요가원 생각으로 가득해집니다.

그러던 어느 날, 요가원을 오래 다닌 회원님이 이런 말씀을 하셨어요.

"원장님, 왜 집에 안 가세요? 이사까지 하셨다면서요. 그냥 가서 쉬세요. 그게 더 좋아 보여요." 그 말이 꽤 오랫동안 마음에 남았습니다. '내가 굳이 이 자리를 계속 지켜야만 요가원이 잘 운영되는 걸까?' 그 이후로 조금씩 제 일과를 조정하기 시작했습니다. 요가원이 안정기에 접어들고, 신뢰할 수 있는 강사님들과 팀워크가 자리를 잡으면서 저의 하루도 달라졌습니다. 오전 수업 후에는 개인 수련을 하거나, 외부 공간에서 작업을 하거나, 간단히 휴식을 취하는 시간을 갖기도 했어요. 예전 같았으면 '이렇게 쉬어도 되나?' 싶었겠지만, 이런 여유가 오히려 수업의 집중도와 질을 높여준다는 걸 경험을 통해 알게 되었죠.

요즘 제 주위 젊고 현명한 원장님들은 창업 초기부터 셀프 관리를 잘 하시더라고요. 수업 시간 외 휴식을 가지고 수련이나 좋아하는 일을 하며 요가원에 얽매이지 않는 모습에 저는 그러지 못했는데 싶어 부러운 마음까지 들어요.

최근에는 육아라는 큰 변화까지 더해졌습니다. 아침에는 아이 등원을 시키고 곧바로 출근해서 수업을 마친 후, 다시 육아로 전환되는 하루를 살고 있어요. 육아를 하면서도 상담 전화나 온라인 문의는 계속해서 오고요.

이렇게 원장 모드와 엄마 모드를 오가야 하다 보니 예전처럼 모든 업무를 직접 챙기기는 어렵습니다. 다행히도 강사님들이 수업 외적인 부분까지 잘 챙겨주셔서 큰 흐름은 유지되고 있지만, 시스템이 흔들리지 않도록 여전히 신경 써야 할 일은 많습니다.

이제는 모든 걸 완벽하게 하려 하기보다는, 현재 상황을 있는 그대로 받아들이고, 우선순위를 조율해 가며 하루를 운영하고 있습니다. 저는 원장으로서 수업도 좋아하고, 사람들과 요가를 나누는 것도 좋아해요. 하지만 그것 못지않게 나 자신을 돌보는 일이 요가원 전체의 리듬과 분위기에 큰 영향을 준다는 걸 체감했어요.

==결국 요가원 원장의 하루는 '관리자'라기보다 '조율자'에 가깝습니다.== 바쁘고 치열할 수 있지만, 내가 없으면 안 되는 공간을 만드는 건 오히려 운영의 위험 요소가 되죠. 창업 초기에는 많은 시간과 노력이 들어가는 것도 맞지만, 시간이 지남에 따라 역할을 나누고, 스스로에게도 재충전의 여유를 주는 것이 장기적으로 훨씬 건강한 운영 방식입니다.

# Q43. 수업이 폐강되는 경우를 어떻게 대비해야 할까요?

    요가원을 운영하다 보면 정말 다양한 상황을 겪게 됩니다. 그중에서도 가장 민감하면서도 마음이 쓰이는 순간이 바로 수업 폐강입니다. 어떤 날은 평소처럼 준비하고 기다렸는데, '오늘 무슨 날인가?' 싶을 정도로 조용한 날도 있었고, 어떤 날은 딱 한 분만 오신 날도 있었죠. 저희는 자유 출석제 수업의 경우, 단 한 분이 오셔도 수업을 진행합니다. 한 분을 위한 수업이더라도, 최선을 다해 지도하는 것이 신뢰를 지키는 길이라고 생각하기 때문이고 이건 보통 다른 요가원도 마찬가지일 거예요. 오신 분을 되돌아가시게 할 수는 없고 이를 기회로 1:1 맞춤 레슨을 해드리면 그 분께는 큰 혜택을 드릴 수 있으니까요. 하지만 한 분도 오지 않으시면 수업 시간 10분이 지나면 수업은 진행하지 않아요.

    반면, 사전 예약제 수업은 별도로 운영합니다. 예약제 수업은 사전에 최소 인원(보통 3명 이상)이 모였을 때만 진행하고, 인원이 미달하면 폐강됩니다. 예약제와 예약제가 아닌 수업 모두 폐강될 경우 이런 상황을 강사님께서도 부담 없이 받아들이실 수 있도록 명확한 보상 기준을 마련해 두었습니다.

- 해당 수업만을 위해 출근한 경우 : 페이의 50% 지급
- 다른 수업도 함께 맡은 경우 : 페이 지급 없이 운영

이 기준은 강사님의 불필요한 출근 부담을 줄이고, 요가원의 재정도 균형 있게 유지하기 위함이에요. 다만 폐강이 반복되면 강사님과 함께 원인을 분석하고, 어떻게 개선해 볼 수 있을지 의견을 나누죠. 폐강이 반복되는 수업이나 시간대는 과감하게 조정할 필요도 있고, 수요가 있는 시간대로 변경하여 효율적인 시간표를 재정비해야 해요.

한 원장님은 오전 11시 수업의 출석률이 저조하여 고민 끝에 그 시간을 없애고, 오후 수업을 한 타임 늘리는 식으로 바꾸셨다고 해요. 그랬더니 오히려 회원분들의 만족도가 높아지셨다고 해요.

또한 출석이 저조한 수업에는 특별한 테마를 넣어보는 것도 좋아요. 예를 들어 '고관절 열기', '허리 통증 완화', '하체 단련 클래스'처럼 평소 수업보다 조금 더 구체적인 주제를 붙이는 거예요. 이런 클래스는 회원님들의 호기심을 자극해서 자연스럽게 참여율도 높아집니다. 가끔 강사님들과 소규모 피드백 회의를 열어서 어떤 수업이 잘 되고 있는지, 회원님들의 반응은 어땠는지 이야기를 나눠보는 시간도 추천해 드려요. 또 강사님마다 잘하시는 부분이 다

르니까, 각자만의 시그니처 클래스를 만들어보자고 제안할 수도 있어요. 어떤 강사님은 테라피 요가에 강하고, 또 어떤 강사님은 근력 강화에 특화되어 있으니까요. 그런 개성을 살릴 수 있는 수업은 강사님도 훨씬 자부심을 느끼고 즐겁게 지도하실 수 있겠지요. 간혹 수업 취소가 불가피할 경우, 회원님께 사전에 정중히 연락드리고, 대체 수업이나 혜택을 안내해 불만을 최소화하려 노력하는 것도 중요합니다.

반복적인 수업 폐강은 단순한 운영 손실이 아니라, 회원 신뢰도, 강사의 사기 저하, 요가원의 브랜드 이미지에 영향을 주는 중요한 이슈입니다. 그래서 저는 ==폐강을 단순한 문제로 보기보다 수요를 다시 점검하고 요가원의 방향을 조정할 수 있는 기회라고 생각합니다.==

Q44. 틈새시장을 공략할 방법은 어떤 것이 있을까요?

요가 시장이 점점 커지고 다양해지면서, 그냥 요가원을 운영하는 것만으론 눈에 띄기 쉽지 않은 때가 왔어요. 이럴 때 빛나는 전략이 바로 틈새시장 공략이에요.

임산부 요가, 키즈 요가, 시니어 요가, 남성 요가 같은 게 좋은 예라고 생각해요. 저도 요가원을 운영하며 여러 회원을 만나다 보니, 보통 수업으로는 부족한 분들이 많다는 걸 느꼈어요. 특히 임산부나 다양한 질환과 통증으로 힘들어하는 중장년층을 보며, 이들을 위한 독특한 프로그램이 필요하겠다고 생각했죠. 그래서 대학원에서 배운 스포츠 의학과 재활 운동 지식을 활용해 체형교정 요가와 재활요가를 더욱 전문화했어요. 단순히 동작을 따라 하도록 지도하는 것이 아니라, 개인의 체형과 건강 상태에 맞춘 맞춤형 수련 방식을 개발해 나갔고, 이는 회원들의 만족도로 곧바로 이어졌습니다. 특히 허리디스크나 골반 불균형 같은 문제를 가진 분들에게 큰 호응을 얻었고, 요가원의 특별함이 더 돋보이더라고요.

틈새시장을 공략하려면 그들의 삶과 필요를 깊이 이해하는 게 핵심이에요. 예를 들어, 임산부 요가는 출산 준비를 돕는 신체·정신적 변화를 다루고, 나중엔 산후 요가나 베이비 요가로 연결하면 입소문이 날 거예요. 키즈 요가는 놀이와 창의성을 섞고, 시니어 요가는 관절 보호와 균형 감각에 집중해야 하죠. 저는 최근 외부 강의로 치매 예방 요가 클래스를 열었어요. 방송에서 오랜기간 치매 예방 운동을 소개해 왔는데 단발성으로는 부족하다는 걸 깨달았거든요. 이걸 요가원에서도 독립 프로그램으로 운영하면 회원들에게 실질적인 도움이 될 것이라 생각해요.

또, 오프라인 수업이 어려운 분들을 위한 온라인 요가도 훌륭한 틈새 전략이에요. 육아 중인 엄마, 해외 거주자, 직장인 등 시간과 공간의 제약이 있는 분들이 온라인 클래스를 좋아하더라고요. 최근에는 '유연성 제로 요가'처럼 몸이 뻣뻣한 초보자를 위한 수업이나, 암 수술 후 회복을 돕는 요가도 진심을 담아 운영 중이신 원장님들도 계세요.

틈새시장을 공략할 땐 수업뿐 아니라 공간, 소통, 서비스 모두 그들에게 맞춰야 해요. 회원이 니즈를 파악하고 이를 기반으로 고객 맞춤형 서비스를 제공하는 것이 기반이 되어야 충성도 높은 회원으로 이어지죠. 단순히 색다른 수업을 만드는 게 아니라, 깊은 이해와 개인화된 프로그램, 진심 어린 서비스가 어우러져야 해요. 이렇게 하면 요가원의 브랜드가 특별해지고, 어떤 대형 요가원과도 다른 경쟁력을 가질 수 있어요.

Q45. 위생 관리는 어떻게 해야 할까요?

요가원 운영에서 위생 관리는 정말 기본이자, 신뢰를 쌓는 데 핵심적인 요소입니다. 회원들이 가장 먼저 체감하는 건 수업의 질 못지않게, 공간이 얼마나 청결하고 안전한지에 대한 부분이에요. 특히 요가원은 바닥에 앉거나 눕는 동작이 많고, 맨발로 이동하기 때문에 다른 어떤 운동 시설보다도 위생에 더 민감할 수밖에 없습니다. 이 부분을 세심하게 관리하지 않으면 아무리 좋은 수업을 제공해도 전체 이미지에 큰 타격을 입을 수 있습니다.

가장 기본적으로는 요가 매트, 소도구(요가 블록, 스트랩, 볼 등)를 철저히 소독하는 것이 필수입니다. 일과가 끝나고 정기적으로, 가능하다면 수업마다 간단한 소독을 해주는 것이 좋겠지요. 많은 분들이 코로나 시기를 겪으며 위생 관리에 더욱 신경 쓰게 되었고, 다행히 우리 모두 소독에 익숙해졌어요. 그전에는 개인 매트 사용이 일반적이지 않았다면, 이후로는 개인 매트나 타월 사용을 자연스럽게 받아들이시곤 하죠.

요가 매트는 땀과 피부가 직접 닿는 부분이기 때문에, 개인

매트를 사용하더라도 물티슈나 매트 세정제를 활용해 즉시 닦아내는 습관을 들이는 것이 중요합니다. 가능하면 회원들에게 개인 매트 사용을 권장하는 것도 좋은 방법입니다. 요가가 처음인 분이나 체험 회원들이 있으면 대여 매트는 꼭 필요하지만, 정규 수업을 등록한 회원들에게는 개인 매트를 준비하도록 독려하면 서로의 위생 부담을 줄일 수 있죠. 요가원 차원에서 품질 좋은 개인용 매트를 할인 판매하거나 공동구매 등 구매를 도와주는 시스템을 마련하면 자연스럽게 자리 잡게 할 수도 있어요.

탈의실에 보관 중인 요가복도 주기적인 세탁을 권해드리고 있는데, 요가원 특성상 땀이 많고 공간이 닫혀 있다 보니, 냄새는 회원님들이 예민하게 느끼는 부분 중 하나예요. 그래서 탈의실에는 향이 강하지 않은 섬유 탈취제나 직접 만든 탈취제를 사용하고 있어요. 특히 여름에는 땀에 젖은 요가복 관리가 더욱 필요해요. 아무리 탈의실 환기를 해도 세탁이 되지 않은 옷이 장기간 보관되면 냄새가 공간에 퍼지더라고요.

공간 전체의 청결도 빼놓을 수 없습니다. 특히 환기와 공기질 관리가 매우 중요합니다. 요가를 수련하는 공간은 공기가 탁하거나 냄새가 나면 몰입도가 떨어지기 때문에, 창문을 자주 열어 환기를 시키고, 필요하면 공기청정기를 적극적으로 사용하려고 해요.

회원들이 자연스럽게 위생 수칙을 지킬 수 있도록 눈에 잘 띄는 곳에 손 소독제를 비치하고 저 포함 강사진도 수업 전, 후와 수업 중에도 수시로 손 소독제를 사용하는 습관을 들이고 있어요.

    회원분들께 위생을 철저히 관리하고 있다는 인식을 주는 것도 중요해요. 예를 들어, 저희는 코로나 이후 수업 후 도구 소독을 계속해서 하고 있는데, 이를 자연스럽게 보시게 되는 회원님들이 덕분에 안심하고 사용하신다고 하세요. 의도적이지 않더라도 청소는 '보이지 않게'보다 '보이게' 하는 게 좋은 때도 있어요.

    마지막으로, 무엇보다 중요한 건 운영자의 모범적인 자세입니다. 원장이나 지도자가 항상 깔끔한 복장과 청결한 태도로 수업에 임하면, 회원들도 자연스럽게 그 기준을 따라오게 됩니다. 작은 것부터 성실하게, 꾸준히 실천하는 것이 가장 중요해요. 청결하게 잘 관리된 요가원은, 그 자체로 회원들에게 큰 안정감과 신뢰를 주는 '보이지 않는 경쟁력'이 될 거예요.

Q46. 늦은 나이에 요가원을 창업해도 괜찮을까요?

　40대 이후, 혹은 정년퇴직 후 제2의 인생을 요가와 함께하고 싶어 하는 분들에게 요가원 창업은 도전이자 설렘입니다. 하지만 "이 나이에 시작해도 될까?"라는 고민도 따르지요.

　저는 요가원 창업에 나이는 큰 문제가 되지 않는다고 생각해요. 오히려 인생의 경험과 깊이 있는 수련이 어우러지면, 신뢰감 있는 운영자이자 지도자로 자리 잡을 수 있어요. 중요한 건 나이가 아니라, 요가를 얼마나 진심으로 대하고 있는지, 그리고 그동안의 수련이 얼마나 일상과 삶 속에 녹아 있는지이니까요.

　실제로 제 주변에는 50대 초반까지 병원에서 간호사로 근무하다가 요가를 시작해 창업하신 분이 계세요. 장시간의 교대 근무로 인한 피로와 허리 통증을 요가로 회복한 뒤, 자격증을 취득하고 지인들에게 소규모로 수업하며 요가에 대한 열정을 느끼셨죠. 결국 은퇴를 결심하고, 본격적으로 요가원을 열기로 하셨어요.

　처음에는 '이 나이에 내가 할 수 있을까', '회원들이 나를 따라올까' 하는 걱정도 많았지만, 요가를 나누고 싶은 마음은 더욱 컸다고 해요. 그래서 창업을 결심하신 후, 어떤 형태로 수업을 진행할지 함께 고민했고, 저는 대형 요가원보다는 소규모 1인 스튜디오 형태를 추천해 드렸어요.

지금은 중장년, 실버요가 등 연령대에 맞는 수업을 운영하며, '내가 정말 좋아하는 일을 하며 산다'는 뿌듯함으로 하루하루를 채워가고 계시더라고요.

이처럼 중요한 건 '나이'가 아니라 '기반'입니다. 요가에 대한 충분한 수련 경험과 자기만의 철학이 갖춰져 있다면, 오히려 연륜은 신뢰를 주는 자산이 될 수 있습니다. 단, 늦은 나이에 창업할수록 그만큼 수련의 시간과 준비가 더욱 충실해야 한다는 점은 꼭 기억해야 합니다.

저는 20대 후반에 요가원 운영을 시작했어요. 젊은 나이에 시작해 좋았던 점도 있지만, 나이가 어리다는 이유로 괜히 스스로 위축되기도 했고, 빨리 나이를 먹고 싶다는 생각도 했죠. 그래서 지금은 연륜 있는 선생님들이 요가원을 시작하시는 모습을 보면 오히려 든든하다는 생각이 들어요.

물론 실무적인 현실도 간과할 수 없습니다. 창업 초기에는 수업, 홍보, 회원 응대, 청소, 행정 등 대부분 업무를 직접 해야 할 때가 많습니다. 체력적으로 부담이 될 수 있고, 디지털 홍보나 시스템 운영에 익숙하지 않다면 시행착오도 따를 수 있습니다. 그래서 자신이 잘할 수 있는 부분과, 도움을 받아야 할 부분을 명확히 나누는 것이 중요합니다. 가족이나 지인, 또는 파트타임 인력을 미리 염두에 두고 시작하는 것을 추천해 드려요.

이렇듯 요가원 창업의 적정 나이라는 건 없습니다. 20대에는 20대만의 장점이 있고, 40대와 50대에는 그 연령대만의 깊이와 매력이 분명 존재합니다. 특히 늦은 나이에 창업을 고민하신다면, 시간의 흐름에 조급해하지 않으셨으면 해요. 오랫동안 요가를 수련해 오셨다면, 수련을 통해 얻은 진심이 바탕이 될 것이고, 그 시간 자체가 이미 크나큰 자산입니다.

Q47. 대출 외 어떤 창의적인 자금 조달 방법이 있을까요?

요가원을 시작하려는데 초기 자본이 부족하다면, 정말 고민이 많으실 거예요. 저도 창업 초기에 자금 걱정으로 잠 못 이룬 적이 있었어요. 전 대출을 통해서 해결했지만, 정부지원금 외에도 창의적인 방법들로 길을 열 수 있다는 걸 요즘에는 깨달았어요. 초기 자본 없이 요가원을 시작할 수 있는 몇 가지 아이디어를 차근차근 나눠볼게요.

첫 번째는 크라우드 펀딩이에요. 요가원의 비전을 지역사회나 요가 애호가들과 공유하며 소액 후원을 모으는 거죠. 예를 들어, 와디즈(wadiz.kr)나 텀블벅(tumblbug.com) 같은 플랫폼에서 친환경 매트를 쓰는 요가원, 시니어 특화 클래스 같은 차별화된 콘셉트를 소개할 수 있어요. 예전에 어떤 분은 작은 웰니스 스튜디오를 열며 와디즈로 1,500만 원을 모은 걸 봤는데, 후원자들에게 수업 이용권이나 명상 키트를 리워드로 줬더라고요. 중요한 건 매력적인 스토리와 투명한 자금 사용 계획이에요. 다만, 크라우드 펀딩은 마케팅 시간이 꽤 들고, 목표 금액을 못 채우면 자금이 아예 들어오지 않을 수도 있어요.

두 번째는 파트너십을 맺는 거예요. 지역 카페, 헬스장, 심지어 작은 스파와 손잡고 공간을 공유하거나 공동 프로그램을 만드는 거죠. 제가 아는 요가 강사는 동네 카페의 2층을 저렴하게 빌려 주말 수업을 시작했어요. 카페는 손님이 늘고, 요가원은 초기 임대료 부담을 덜었죠. 또 다른 방법은 전문 강사나 물리치료사와 파트너십을 맺어 임산부 요가, 재활 요가 같은 특화 클래스를 함께 운영하는 거예요. 파트너와 수익을 나누는 구조라 초기 비용이 적게 들고, 서로의 네트워크로 회원도 늘릴 수 있어요. 다만, 파트너와 비전이 맞는지, 계약 조건은 명확한지 꼼꼼히 확인해야 해요. 서로 신뢰가 쌓여야 오래갈 수 있으니까요.

세 번째는 선불 멤버십이에요. 요가원을 열기 전, 사전 등록 회원을 모아 수업료를 미리 받는 거죠. 예를 들어, 3개월 수업권을 할인된 가격에 판매하거나, 창립 멤버 전용 혜택(무료 워크숍, 전용 매트 제공)을 내세울 수 있어요. 지역 맘카페나 요가 커뮤니티에서 체험 수업을 열고, 그 자리에서 선불 멤버십을 홍보하면 효과적이에요. 하지만 회원들이 기대하는 수업 퀄리티를 충족할 준비가 돼 있어야 해요. 약속을 지키지 못하면 신뢰를 잃을 수 있으니까, 수업 계획을 철저히 세우는 게 중요하죠.

현실적으로 이런 방법들은 시간과 노력이 꽤 필요해요. 크라우드 펀딩은 홍보가 생명이고, 파트너십은 신뢰가 핵심, 선불 멤버

십은 회원 관리에 신경 써야 하죠. 하지만 자금이 없다고 꿈을 미루기보단, 작은 아이디어라도 시작해 보면 길이 열리더라고요.

요가원을 창업할 때 자본이 적어도 창의적인 방법으로 첫걸음을 뗄 수 있어요. 내 요가원의 이야기를 사람들과 나누다 보면, 분명 함께할 이들이 생길 거예요. 항상 포기하는 마음보다는 새로운 시도를 해보는 것이 중요하답니다.

그 마음을 품고 작은 시도를 이어간다면, 이러한 새로운 시도가 꿈을 현실로 바꾸는 동력이 될 거라 믿어요.

Q48. 요가원 운영·홍보에 좋은 플랫폼은 무엇인가요?

　　요가원을 창업하면서 디지털 도구를 어떻게 활용할지 고민 중이라면, 정말 좋은 시작점에 계신 거예요. 디지털 기술을 똑똑히 쓰면 운영은 더 매끄럽고, 홍보는 더 넓게 퍼질 수 있죠. 처음엔 디지털 도구가 낯설고 복잡해 보였던 게 저도 기억나요. 요가원 운영과 홍보를 효율적으로 만들어줄 디지털 도구 몇 가지를 차근차근 알려드릴게요.

　　첫 번째는 예약 시스템이에요. 네이버 예약이나 카카오톡 채널 같은 플랫폼을 쓰면 회원들이 수업을 쉽게 예약할 수 있어요. 예를 들어, 네이버 예약(myplace.naver.com)은 회원이 요가원 위치, 수업 시간, 강사를 확인하고 바로 예약할 수 있게 해줘요. 제가 아는 요가원은 네이버 예약으로 수업 등록 후 예약률이 30% 늘었다고 해요. 관리자로선 예약 현황, 취소, 결제를 한눈에 볼 수 있어서 수업 준비가 훨씬 수월하죠. 초기 설정은 시간이 좀 걸리지만, 무료로 시작할 수 있고, 회원들에게 전문적인 인상을 줄 수 있어요. 다만, 회원 중 디지털에 익숙하지 않은 분들이라면 전화 예약도 병행해야 할 거예요. 처음엔 간단한 수업 몇 개만 올려놓고 테스트해 보세요.

두 번째는 SNS 마케팅이에요. 인스타그램, 유튜브, 카카오톡 채널은 요가원의 이야기를 생생히 전할 수 있는 강력한 도구예요. 인스타그램은 짧은 릴스 영상으로 요가 동작, 강사 소개, 스튜디오 분위기를 보여주기 좋아요. 예를 들어, 15초짜리 명상 가이드 영상을 올리거나, 회원 후기를 스토리로 공유하면 자연스럽게 관심이 모이죠. 유튜브는 10~15분 무료 요가 수업 영상을 올려 잠재 회원을 끌어들이는 데 효과적이에요. 카카오톡 채널은 시간표, 할인 이벤트, 수업 안내 같은 소식을 빠르게 알릴 때 유용해요. 하지만 SNS는 꾸준히 콘텐츠를 올려야 효과가 나니까, 주 2~3회 업로드 계획을 세우는 게 중요해요.

세 번째는 온라인 클래스 플랫폼이에요. 줌(Zoom)이나 구글 미트 같은 도구로 실시간 온라인 수업을 운영할 수 있어요. 요가원은 대면 수업의 에너지가 핵심이지만, 팬데믹 이후 집에서 요가를 선호하는 분들도 많아졌죠. 예를 들어, 주 1회 저녁 온라인 수업을 열어 바쁜 직장인이나 멀리서 사는 회원을 끌어들일 수 있어요. 초기엔 무료 계정으로 시작해 40분 수업을 테스트해 보면 좋아요. 다만, 온라인 수업은 화질, 음질, 인터넷 연결이 중요하니 간단한 마이크나 조명을 준비하면 퀄리티가 올라가요. 또, 온라인 회원 관리(출석 체크, 피드백)는 좀 더 신경 써야 하죠.

다양한 도구들이 생겨나지만, 여전히 중요한 것은 블로그 관리예요. 오래전에 포스팅한 정보성 글이라도, 검색을 통해 요가원을 찾는 경우 블로그가 중요한 역할을 해줄 거예요.

현실적으로 디지털 도구는 처음엔 익숙해지는 데 시간과 노력이 필요해요. 설정, 콘텐츠 제작, 회원 응대가 부담스러울 때도 있죠. 저도 처음엔 SNS 포스팅이 어색했지만, 요가원의 따뜻한 기운을 전하고 싶다는 마음으로 하나씩 하고 있습니다. 도구마다 무료 버전이나 간단한 기능부터 시작할 수 있으니, 부담 없이 시도해 보세요. 중요한 건 회원들이 편리하고, 요가원의 이야기가 더 멀리 퍼지도록 돕는 거예요.

==요가원 창업에서 디지털 도구는 동반자예요. 작은 시도로 시작하다 보면, 내 요가원의 가치를 더 많은 이들과 나눌 수 있을 거예요.==

Q49. 창업 초기, 제한된 예산으로 우선 투자해야 할 자원은 무엇일까요?

요가원을 이제 막 시작했는데 예산이 빠듯하다면, 어디에 돈을 써야 할지 고민이 많으실 거예요. 적은 자금으로도 그 가치를 전하려면 현명한 선택이 필요해요. 저도 창업 초기에 자금이 부족해 막막했지만, 중요한 자원에 집중하니 길이 보이더라고요. 제가 생각하는 제한된 예산으로 요가원 창업 초기에 투자할 자원과 효율적으로 활용하는 방법을 말해볼게요.

첫 번째는 매트와 기본 장비예요. 회원들이 편안하고 안전하게 수련하려면 품질 좋은 매트가 필수죠. 고가의 브랜드 대신 중급 매트(개당 3~5만 원)를 준비하세요. 제가 아는 요가원은 중고와 새 매트를 섞어 시작했어요. 소독제, 블록, 스트랩은 최소화하고, 개인 매트 소지 시 할인 혜택을 주면 비용을 아낄 수 있죠. 청결과 내구성을 챙기지 않으면 첫인상이 흐려질 수 있으니 유의하세요.

장비를 한꺼번에 늘리는 것보다 기본 장비를 갖추고, 테스트를 통해서 점차 투자를 늘리는 방향으로 하는 것이 중요합니다. 무리한 투자는 부메랑이 되어 경제적 부담으로 돌아올 수 있어요.

두 번째는 강사 훈련이에요. 요가원의 매력은 강사님의 에너지와 전문성에서 나와요. 창업 초기엔 직접 가르치더라도, 추가 강사를 고용하거나 기존 강사의 역량을 키우는 게 중요하죠. 예산이 적다면, 외부 워크숍 대신 온라인 강의(유튜브, 요가 자격증 플랫폼)나 지역 요가 커뮤니티의 저렴한 세미나를 활용하세요. 저는 창업 초기부터 선생님들과 주기적으로 스터디를 열어 동작 교정, 해부학, 체형교정 가이드를 공유했는데, 비용은 거의 안 들고 팀워크도 강해졌어요.

세 번째는 마케팅이에요. 좋은 요가원도 알려지지 않으면 회원이 안 와요. 인스타그램, 카카오톡 채널 같은 무료 SNS로 홍보를 시작하세요. 영상으로 스튜디오 분위기를 보여주거나, 지역 맘카페에 무료 체험 수업을 알리면 효과적이에요. 제가 시작할 때는 적은 비용으로 전단지와 지역 광고를 했더니 등록이 늘어났어요. 네이버 플레이스 무료 등록으로 검색 노출을 늘리고, 유료 광고는 월 5~10만 원으로 테스트하세요. 모든 콘텐츠는 꾸준한 업로드가 중요해요.

현실적으로 예산이 적을 땐 모든 걸 다 할 순 없어요. 매트는 회원 경험의 기본, 강사 훈련은 요가원의 핵심, 마케팅은 회원 모집의 열쇠니까, 이 세 가지를 먼저 챙기는 것을 추천해요. 저도 처음엔 자금이 부족해 막막했지만, 적은 돈으로 핵심에 투자하니 회원들이 하나둘 늘더라고요.

50. 다시 돌아가도 요가원 창업을 하실 건가요?

"원장님 요즘 어때요?"

"너무 힘들어요. 예전 같지 않아요."

친한 원장님들과 연락을 나누며 자주 등장하는 대화 패턴이에요. 5년이 지나고 10년이 지날 때마다 힘들다고 느끼는 고비가 오는 것 같아요.

특히 가끔은 과감히 요가원 운영을 내려놓고 다른 삶을 선택하는 원장님들의 결정을 보며 부러움을 느끼기도 했어요. 그만큼 요가원 운영은 체력적으로, 정신적으로 정말 많은 에너지를 소모하는 일이니까요. 요가원 운영은 단순히 수업만 잘하면 되는 일이 아닙니다.

매일 회원들의 몸과 마음을 살피고, 수업 외에도 모든 것을 챙겨야 하죠. 남들의 건강을 돕는 일을 하면서 정작 내 건강을 돌보는 데 소홀해질 때도 많았습니다. 초반에는 하루 종일 수업과 운영에 몰입한 후 몸이 지쳐 집에 가는 길에 단순히 '나도 위로 받고 싶다'라는 생각에 눈물이 날 때도 있었어요.

하지만 그런 힘든 시간을 지나면서도 저는 요가가 참 좋았고 할 줄 아는 게 이거밖에 없다고 생각했기에 이 일을 놓고 싶지는 않았어요. 저는 점점 더 요가의 깊은 철학을 삶으로 받아들이게 되었습니다. 나를 위한 명상 수련을 시작했고, 요가를 삶을 대하는 태도로 새롭게 바라볼 수 있게 되었어요.

==요가원 운영은 분명히 쉽지 않은 길이에요. 하지만 저에게는 이 길이야말로 저 자신을 가장 많이 성장시켜 준 여정이었어요.== 힘들었던 순간마다 스스로에게 이렇게 물었습니다.

"지금, 이 경험이 나를 어디로 이끌고 있을까?"

저는 이 모든 과정을 통해 더 단단해졌고, 다시 처음으로 돌아간다고 해도 요가원 창업을 선택할 것 같습니다. 요가원 운영은 단순히 직업을 갖는 것이 아니라, 나 자신의 일상과 삶에서도 자신을 스스로 끊임없이 성장시키며, 다른 이들과 따뜻한 에너지를 나누며 함께 살아가는 방식이었기 때문이에요.

특히, 몸이 불편하신 분들을 치유해 드렸을 때 그 뿌듯함은 이 일의 최고 매력이죠. 물론 앞으로도 힘든 순간은 있을 것입니다. 하지만 이제는 그런 순간조차 자연스럽게 받아들이고, 그 속에서 다시 힘을 얻는 법을 알게 되었어요. 요가원을 운영하는 것은 회원들에게 좋은 수련을 제공하는 것만큼, 나 자신에게도 더 깊고 건강한 삶을 선물하는 일이라고 생각합니다.

PART 2. 창업 후 운영 _ 지속 가능한 요가원 만들기

Q51. 요가원의 콘셉트를 특화하는 것이 왜 중요한가요?

요가원의 콘셉트를 명확히 하고 특화하는 것은 수많은 요가원 속에서 나만의 색깔을 확실히 세우는 데 필수적인 과정입니다. 저는 대학에서 무용을 전공하며 자연스럽게 요가를 시작했기 때문에 처음에는 가지고 있던 유연성을 기반으로 요가 동작(아사나)을 완성하는 데만 집중했어요. 그러나 이러한 부분은 저에게 독으로 다가왔습니다. 무용하던 시절부터 앓아온 허리디스크가 단순한 아사나 수련만으로는 나아지지 않았으며, 오히려 요가를 잘못 수련하면 통증이 심해지는 일도 있어서 점점 많은 생각이 들더라고요.

그때 깨달았습니다. '내 몸 하나도 제대로 돌보지 못하면서, 어떻게 회원들에게 요가가 건강에 좋다고 자신 있게 말할 수 있을까?' 이 고민 끝에 저는 다시 공부를 시작했어요. 이후에는 이러한 부분에 초점을 맞추어서 대학원에 진학해 스포츠의학과 재활을 체계적으로 배웠고, 요가를 보다 깊이 있게 '몸을 회복시키는 도구'로 접근하는 방법을 익히게 되었어요.

그리고 이 과정을 통해 자연스럽게 저희 요가원만의 특화된 콘셉트인 '체형교정요가'와 '재활요가'가 탄생하게 되었습니다. 그리고 지금까지 14년 넘게 이 콘셉트를 유지하고 발전시켜 오고 있습니다. 상담에서는 체형교정요가에 대해서 많이들 물어보세요.

회원님 1: 체형교정요가는 보통 요가랑 뭐가 다른가요?
회원님 2: 그룹수업인데 체형교정이 가능한가요?
원장: 저희는 멋진 동작을 완성하는 데에 집중하기보다는 개개인의 몸에 맞춘 정확한 수련을 지향합니다. 보통의 요가와 같은 아사나를 하더라도 내 몸에 맞는 정렬과 수준을 강조하고 있어요.

==저는 오랜 경험을 통해 확신하고 있습니다. 자신의 경험과 철학을 기반으로 한 명확한 콘셉트야말로 요가원을 오래 사랑받게 만드는 가장 강력한 힘이라는 것을요.== 시대에 따라 트렌드는 변하고 요가 스타일도 다양해지지만, 자신만의 본질적인 콘셉트를 꾸준히 지켜나가는 것은 요가원이 신뢰를 쌓고 오랫동안 살아남는 데 반드시 필요합니다. 요즘과 같은 빠르게 변화하는 시대에는 '무엇을 가르치는가'보다 '왜, 어떤 마음으로 가르치는가'가 더 중요하다고 생각하고 진심으로 다가감이 필요합니다. 회원들도 그 진심을 느끼고, 비슷한 철학을 가지게 된다면 같은 생각을 공유하게 되는 것 같아요.

이 단순한 가치를 변함없이 지키는 것 그것이 우리 요가원의 콘셉트이고 앞으로도 흔들림 없이 이어갈 방향입니다. 각자의 방식으로 콘셉트의 특화 포인트는 달라질 수 있습니다. 다만 이러한 본인만의 장점과 특색을 살리고 이를 지속해서 발전시켜야 남들과는 다른 콘셉트를 가지게 될 수 있습니다. 이러한 측면이 가장 중요한 포인트가 아닐까요?

Q52. 요가원의 이미지는 어떻게 만들어지나요?

"여기는 상업적이지 않아서 좋아요."

요가원의 이미지는 단순한 홍보나 외관만으로 만들어지지 않습니다. 시간이 흐를수록 그 공간을 채우는 사람들의 진심과 꾸준함이 진짜 이미지를 만들어간다는 것을 저 역시 운영하면서 깊이 깨달았습니다.

모두가 그러하듯 저희도 핵심 철학을 꾸준히 강조하려고 노력합니다. 처음에는 '몸과 마음의 연결'이라는 다소 추상적인 가치를 내세웠는데 시간이 지나면서 회원님들이 다양한 표현으로 이 가치를 말씀해 주시기 시작했어요. 힘든 하루를 마치고 오시면 "여기 오면 정말 온전히 나에게 집중하는 시간을 가질 수 있어서 좋아요."라거나, "수업이 끝나고 나면 왠지 모르게 마음이 차분해지고 편안해져요." 같은 이야기들을 해주시더라고요. 저희가 의도했던 '일상의 쉼터'라는 이미지가 자연스럽게 만들어지고 있다는 것을 느꼈습니다.

한번은 저희 요가원에서 꽤 오랫동안 수련하셨던 회원님의 어머님이 찾아오신 적이 있었어요. 따님께서 힘든 시기를 보내고 계셨는데, 요가원에서만큼은 편안해 보이고 활력을 되찾는 것 같아 감사하다는 말씀을 전하시러 오셨더라고요. 그 말을 들었을 때 저희가 단순히 신체적인 운동을 제공하는 것을 넘어 누군가의 정서적인 안정과 회복까지 기여하고 있다는 사실을 깨닫고 큰 보람을 느꼈습니다.

SNS 및 홍보 운영에서도 이러한 진실성과 진정성을 보여주는 것이 좋을 것 같아요. 멋진 아사나 사진이나 홍보 문구를 열심히 올리는 것도 좋지만 어느 순간 그게 정말 저희 요가원의 전부를 보여주는 걸까 하는 생각이 들더라고요. 그래서 요즘은 수업 끝나고 회원님들이 편안하게 웃으며 이야기 나누는 모습, 강사님들이 새로운 시퀀스를 연구하는 열정적인 순간들, 스터디를 하며 서로에게 힘이 되어주는 훈훈한 장면들을 진솔하게 담아내려고 노력합니다. 그랬더니 오히려 "사진 속 분위기가 너무 따뜻해 보여요", "저도 저 공간에 함께하고 싶어요"라는 댓글이나 문의가 늘어나는 걸 보면서 진정성이야말로 가장 강력한 힘을 가진다는 것을 실감했습니다.

특히 강사님들의 태도와 에너지는 정말이지 숨길 수 없는 요가원의 얼굴과 같아요. 한번은 신규 회원님께서 등록하시고 며칠 뒤에 저에게 이런 말씀을 해주셨어요. "솔직히 처음엔 별 기대감 없이 시작했는데, 막상 수업을 들어보니 강사님들 눈빛이 너무 따뜻하고, 동작 하나하나 세심하게 봐주시는 모습에 '아, 여기 제대로 된 곳이구나' 하는 믿음이 생겼어요. 그리고 다른 곳과 달리 등록에만 몰두하는 것이 아닌 제가 불편하고 아픈 곳에 집중해 주는 모습에서 감사함을 느꼈어요." 그 말씀을 듣고 오히려 제가 위로되더라고요.

지역사회와의 연결도 빼놓을 수 없죠. 구에서 운영하는 프로그램에 참여하기도 하고 가끔은 지역 커뮤니티를 위한 무료 클래스나 힐링 워크숍을 열기도 했습니다. 이런 활동들이 시간이 지나면서 "우리 동네에 좋은 요가원이 있다"는 입소문으로 이어졌습니다.

지역사회의 일원으로서 함께 성장하면서 상업적이지 않은 가족적인 분위기가 요가원의 이미지를 더욱 풍성하게 만들어줬던 것 같아요. 결국 요가원의 이미지는 눈에 보이는 화려함보다는 강사님들의 따뜻한 마음, 저희가 추구하는 요가의 철학, 회원님들과 진심으로 소통하려는 노력, 그리고 그 안에서 쌓이는 신뢰라는 보이지 않는 가치들이 만들어 나간다고 생각합니다.

Q53. 공간이 주는 에너지라는 말은 무엇인가요?

요가원에 처음 오신 분들이 "여기선 왠지 마음이 편해져요"라거나 "공간이 참 따뜻하네요"라고 말씀하실 때면, 저는 감사와 함께 책임감을 느껴요. 오랜만에 다시 찾아오신 분들도 "예전처럼 마음이 놓인다"며 편안해하시죠. 그럴 때마다 이곳이 단순히 몸을 움직이는 장소가 아니라, 마음을 어루만지는 '쉼터'로 자리 잡고 있음을 실감해요. 공간이 붕 뜨지 않고 단단히 중심을 잡으려면, 예쁜 인테리어나 구조만으로는 부족하다고 믿어요. 요가 수련에서 자주 말하는 '공간의 에너지'는 물리적인 환경을 넘어, 우리의 감정과 마음 상태에 깊은 영향을 미치는 힘이에요.

그래서 요가원을 리뉴얼 할 때, 벽 색깔은 어떤 톤으로 할지, 조명은 얼마나 부드러워야 할지, 공간의 흐름은 어떻게 이어갈지 세심히 고민했죠. 식물, 은은한 향, 잔잔한 음악, 감각적인 소품은 모두 '여기서 나를 편히 내려놓을 수 있구나'라는 느낌을 주기 위한 선택일 수 있어요. 하지만 시간이 흐르며 더욱 깨달은 건, 공간의 에너지를 만드는 건 결국 '사람'이라는 거예요. 아무리 멋진 인테리어도, 그 안을 채우는 이들의 마음이 더 큰 힘을 발휘하죠.

우리 요가원의 강사님들은 단순히 동작을 가르치는 데 그치지 않아요. 수업 전후로 눈을 맞추고, 말을 건네며, 몸의 변화뿐 아니라 마음의 흐름에도 귀 기울이려 노력해요. 이런 진심 어린 마음들이 쌓여 공간 전체의 분위기와 에너지를 만들어낸다고 믿어요.

한 회원님이 처음 오셨을 때, 많이 지친 기색이 역력했어요. 수업이 끝난 뒤 조용히 다가오셔서 "여긴 좀 신기해요. 아무 말도 안 했는데 마음이 편안해졌어요"라고 하시더라고요. 그 뒤로 몇 달간 꾸준히 수련하시며, 어느 날엔 "요가하러 오는 시간이 제 유일한 숨통이에요"라고 말씀해 주셨어요. 그 말이 제게 오래 남았어요. 우리가 매일 여는 수업 하나하나가 누군가에겐 삶의 균형을 잡아주는 소중한 순간이 될 수 있구나, 하고요. 그분이 느낀 '신기한 편안함'이 바로 공간이 품은 에너지의 힘이라고 느껴요.

==공간은 사람을 닮아요. 운영자의 마음가짐, 강사님들의 따뜻한 태도, 회원님들 간의 교감, 그 모든 게 자연스레 녹아든 공기가 곧 에너지예요.== 운영하며 깨달은 게 있다면, 사람이 한결같이 자리를 지킬 때 공간은 더 단단해진다는 거예요. 늘 같은 자리에서, 변함없는 마음으로 회원님들을 맞이하려는 그 '마음'이 공간의 공기에 스며들어, 따스한 기운을 만들어내더라고요. 그래서 오늘도 이곳이 요가를 배우는 곳을 넘어, 누군가의 마음이 가벼워지고 하루가 부드럽게 풀리는 출발점이 되길 바라며 문을 열어요.

Q54. 원장이 꼭 수업을 해야 할까요?

요가원을 운영하다 보면 '운영'과 '수업' 사이에서 균형을 잡는 게 쉽지 않죠. 행정, 마케팅, 직원 관리, 상담 등 하루가 쉴 틈 없이 바빠요. 그래서 "수업을 좀 줄여야 하나?"라는 고민이 슬며시 고개를 들곤 해요. 너무 많은 수업을 맡으면 운영에 집중하기 어려워질 수 있으니까요. 하지만 요가원의 본질을 생각하면, 원장이 적게라도 수업에 참여하는 건 단순히 가르치는 걸 넘어 깊은 의미가 있다고 느껴요.

원장의 수업은 요가원의 철학과 색깔을 가장 생생히 보여주는 창구예요. 회원님들은 원장의 수업을 통해 이 공간이 어떤 가치를 추구하는지, 요가를 어떤 마음으로 바라보는지 몸으로 느껴요. 단순히 잘 짜인 프로그램 그 이상의 신뢰와 감동을 전해주죠.

그 안에는 요가원의 운영 철학, 수련 방향, 오랜 경험이 자연스레 녹아 있거든요. 회원으로서는 원장이 직접 수업에 나선다는 것만으로도 '이곳은 요가를 진심으로 사랑하는 사람이 이끄는구나'라는 믿음이 생겨요. 특히 요가 초보자나 자신감이 부족한 분들에게 이런 신뢰감은 큰 힘이 되죠.

또 하나 중요한 점은, 원장이 직접 회원들과 수련을 함께할 때 그들의 변화와 성장에 더 섬세하게 관여할 수 있다는 것입니다. 실제로 수업을 진행하다 보면, 회원 한 사람 한 사람의 몸 상태, 수련 습관, 성향, 심리적인 흐름까지 더 잘 보입니다. 어떤 부분이 굳어 있는지, 어느 동작에서 자신감을 가지는지, 그리고 요즘 어떤 마음으로 수련에 임하는지까지 세심하게 느낄 수 있어요. 그에 맞춰 작은 피드백을 건네거나, 때론 조용히 지켜보며 응원하죠. 이런 섬세한 소통은 수업을 통해 얻을 수 있는 특별한 선물이에요. 회원님들도 "여긴 단순한 운동 공간이 아니라, 나를 깊이 이해해 주는 곳이구나"라고 느끼신대요.

==원장이 수업을 통해 프로그램을 기획하고 수련 방향을 다듬으면 요가원의 전문성이 흔들리지 않아요.== 외부 강사를 영입하는 것도 좋지만, 내부에서 꾸준히 이어지는 철학과 스타일이 있어야 요가원만의 고유한 색이 생기죠. 이건 요가원의 정체성을 만드는 핵심이기도 해요.

그리고 무엇보다, 원장이 수업하며 스스로 수련자로 성장한다는 점이 소중해요. 요가는 가르치는 것 이상으로 함께 배우고 실천하는 삶의 태도니까요. 회원들과 호흡하며 얻는 통찰은 원장으로서의 깊이를 더해줘요.

물론 여건상 원장이 수업을 못할 때도 있죠. 그럴 땐 신뢰할 수 있는 강사나 매니저 배치가 필수이며 강사 간 소통, 체계적인 커리큘럼과 운영 방향을 충분히 공유하여 회원들에게도 안정감을 줄 수 있도록 노력해야 해요.

지속적인 강사 교육 또한 핵심적인 대안이 됩니다. 그리고 수업 후 강사들끼리 회원의 변화나 특이 사항, 수업 진행에 대한 피드백을 공유하는 시스템을 만들어두면, 원장이 자리에 없을 때도 회원 개개인에 대한 세심한 관리가 이어질 수 있습니다.

요가원은 단순한 피트니스 공간이 아니에요. 몸과 마음을 다스리고 삶의 태도를 배우는 치유의 장소예요. 이런 공간에서 원장이 직접 몸을 담그고 있는 모습만큼 든든한 건 없죠. 회원님들은 그 에너지를 고스란히 느끼고, 그래서 더 오래 함께 머물러요.

Q55. 직원 관리 방향은 어떻게 해야 할까요?

자영업에서 직원 관리가 가장 어렵다고 하죠. 그래서 어떤 분들은 혼자 일 하는 것이 편하다고 하는 경우도 보았어요. 다만 요가원에서는 많은 직원들이 스태프(staff)가 아닌 강사님(instructor)이라는 차이가 있는 것 같아요. 좋은 강사님과 오래 함께하기 위해서는 서로 노력해야 한다고 생각해요.

먼저 첫 번째는 상호 간의 존중이라고 생각합니다. 단순히 내가 월급을 주는 직원이 아니라 나와 같이 수업을 진행하는 선생님 또는 나 대신 수업을 해주시는 분이라는 생각이 꼭 필요합니다. 저는 많은 가치 중에서 존중이라는 부분이 매우 중요하다고 생각해요. 또한 이러한 부분이 기본이 되어야 무엇보다 중요한 건 서로 솔직하게 의견을 나누고, 피드백을 주고받는 문화가 정착이 가능합니다. 비판이 아니라 서로 성장할 수 있는 기회로 받아들일 때, 강사님들도 더 편안하게 소통할 수 있거든요.

두 번째는 요가원을 운영하면서 강사님들과 함께 성장하는 게 정말 중요한 것 같아요. 그래서 저는 꾸준히 스터디 모임을 진행해 왔어요. 이렇게 함께 공부하다 보면, 각자 수업 스타일은 다르더라도 요가원이 추구하는 방향과 가치관은 자연스럽게 공유되고, 요가원만의 색깔이 만들어지게 되거든요.

정기적으로 모여서 요가 철학도 나누고, 해부학이나 지도법 같은 전문적인 부분도 공부하면서 서로의 경험을 이야기하는 시간이 큰 도움이 돼요. 또, 수업하면서 느꼈던 어려움이나 회원분들의 피드백도 공유하면서 함께 고민하고 발전할 수 있죠. 회식 자리에서조차 시작부터 끝까지 회원님들의 이야기로 시간을 보낼 때도 있어요. 이럴 땐 '우리 선생님들이 요가원에 대해 진심으로 걱정과 관심을 가져주시는구나'라고 느껴 감사하죠.

"OOO 회원님 OO가 불편하시던데, 어떻게 해드리는 게 좋을까요?"

"OOO 회원님은 수업 참여에 적극적이지 못 하실 때 고민돼요."

이러한 이야기들을 각자의 경험을 바탕으로 이야기를 나누다 보면 즐거운 스터디가 되기도 하고요. 신규 강사님이 들어오면, 요가원의 운영 방식이나 회원 응대법 같은 기본적인 부분을 잘 알려주고, 경력 있는 선생님이 멘토가 되어주면 적응도 훨씬 빠르고 팀워크도 좋아져요.

마지막으로는 강사님들이 외부 교육이나 워크숍에 참여할 수 있도록 지원해 드리면, 전문성이 높아지고 자연스럽게 요가원 전체의 수준도 올라가는 효과가 있답니다. 그리고 공식적인 모임뿐 아니라 가끔은 함께 식사하거나 차 한잔하면서 친밀감을 쌓는 것도 큰 힘이 됩니다. 서로를 이해하고 신뢰하는 분위기가 만들어져야, 회원분들에게도 좋은 에너지가 전달되니까요.

Q56. 수강권을 나눠 써도 되나요?

"저 3개월 등록해서 딸이랑 한 달 반씩 써도 되죠?"

답변하기에 곤란하면서도 많이 듣는 질문 중 하나가 "수강권을 친구와 나눠 써도 되나요?", "제가 못 올 땐 가족이 대신 와도 되나요?" 같은 이야기입니다. 그 질문을 받을 때마다 저는 마음속으로 다시금 '이 공간이 추구하는 요가 수련의 방향'을 되새기고 고민하게 돼요.

결론부터 말씀드리자면, 저희 요가원에서는 수강권을 나누어 사용하는 것을 권장하지 않습니다. 물론 회원의 편의를 위한다면 '왜?'라고 생각할 수 있지만 단순히 제도적인 이유나 운영의 편의 때문이 아니라 요가 수련의 본질과 깊은 관련이 있기 때문입니다.

요가는 단순히 몸을 움직이는 운동 그 이상입니다. 수련자 한 사람 한 사람의 신체적 특성, 생활 패턴, 호흡의 흐름, 수련에 임하는 태도와 에너지까지 모두 고려해야 하는 섬세한 과정입니다. 그래서 요가 수업은 '사람'을 중심에 두고 운영됩니다. 수련자가 어떻게 호흡하고, 어떤 동작에서 어려움을 느끼며 무엇을 좋아하고 두려워하는지를 강사도 꾸준히 관찰하며 알아가야 합니다. 마치 맞춤옷처럼 요가 수련도 회원님 한 분만을 위해 디자인되고 진행되는 것이 가장 효과적이라고 생각해요.

이런 관점에서 보면, 수강권을 나눈다는 개념은 마치 '수박 한 통을 사서 친구와 반씩 나눠 먹는 것'과는 다른 차원의 이야기입니다. 수박은 나눠 먹을 수 있지만, 요가 수련은 경험과 흐름으로 축적되는 개인적인 여정이기 때문이에요. 수강권을 나누는 순간, 관리의 연속성이 떨어질 수밖에 없게 돼요. 예를 들어 어느 날은 A라는 분이 오고, 다음 주는 B라는 분이 오면 강사로서는 그분들의 몸과 마음의 흐름을 이어가기 어렵습니다.

특히 저희처럼 주거지역에 있는 요가원은 단기 체험이 아닌, 지속적인 수련을 통해 삶의 결이 달라지길 바라는 분들을 위한 공간이에요. 하루하루 수련을 통해 변화하는 그 작은 결들을 함께 느끼는 것이 요가원의 진짜 가치이자 운영의 중심입니다.

꾸준한 수련은 신체적 교정, 정신적 안정, 내면 성장 등 요가가 지향하는 본질적인 효과를 극대화하는 데 필수적입니다. 그래서 회원 개개인의 진행 상황과 목표에 맞춘 맞춤형 관리와 지속적인 피드백이 강조되는 요가원일수록 수강권 공유를 제한하는 경우가 많습니다.

다만 요가원의 콘셉트가 다른 경우, 예를 들어 여행지 요가원이나 단기 체험 위주 공간에서는 수강권을 유연하게 나눠 쓰는 방식이 고객과 운영자 모두에게 실용적일 수 있습니다. 결국, 요가원의 콘셉트와 회원들의 니즈에 따라 수강권 운영 방식을 달리하는 것이 가장 바람직하며, 그에 맞는 체계적인 회원 관리 시스템과 프로그램 설계가 필요하다고 할 수 있습니다.

저희 요가원에서도 위와 같이 수강권 공유를 원하시는 분들에 한해서 쿠폰 형태의 수업 수강권을 준비하고 있으나 이러면 지속성 및 피드백이 부족할 수 있다는 부분을 꼭 말씀을 드리고 있어요.

마지막으로 저는 수강권은 '티켓'이 아니라, '여정의 초대장'이라고 생각합니다. 그 초대장이 오롯이 한 사람의 이야기로 채워지길 바라요.

Q57. 수준별 맞춤 지도를 위해 초급반, 고급반을 나눠야 할까요?

"초보자도 따라갈 수 있을까요?"

"초급반은 따로 있나요?"

상담할 때 가장 많이 듣는 질문 중에 하나에요.

회원님들과 이야기를 나누다 보면 이런 문의가 자주 들어와요. "선생님, 초급반은 따로 운영하시나요?" 혹은 "좀 더 난이도가 있는 수업을 듣고 싶어요. 고급반은 없나요?" 요가를 막 시작한 분들부터 이미 익숙한 분들까지, 이런 궁금증을 가지시죠.

그럴 때 저는 늘 이런 식으로 대답하고 있고, 회원님들도 늘 되새기실 수 있게 게시판에도 붙여놓고 있어요.

"요가 수련엔 잘하고 못하고가 없어요."

"초보자든 숙련자든 함께할 수 있는 게 요가예요."

"요가는 잘하냐 못하냐가 아니라, 오늘의 나를 알아가는 수련이에요."

오늘 어떤 동작이 잘 됐다고 내일도 똑같이 잘 되는 건 아니거든요. 같은 자세도 날마다 느낌이 다르고, 어떤 날은 몸이 가볍게 열려 부드럽게 흐르지만, 또 어떤 날은 기본 동작조차 무겁게 느껴질 때가 있죠. 그러니 숙련자라고 늘 어려운 동작만 원하는 것도 아니고, 초보자라고 늘 쉬운 것만 해야 좋은 것도 아니에요.

그렇다면 운영자의 입장에서 초급반과 고급반을 나눠야 할까요? 이건 요가원의 환경과 회원님들 구성에 따라 달라져요. 공간이 넉넉하고 클래스 수가 많아 시간대별로 다양한 레벨의 수업을 열 수 있다면, 레벨을 나누는 게 분명 장점이 많아요. 회원님들께서 '오늘의 나'에 맞는 수업을 고를 수 있으니까요.

하지만 운영 현실도 함께 고민해야죠. 수업을 레벨별로 쪼개면 회원님들 입장에서 선택의 여지가 줄어들 수 있어요. "저녁 7시에만 시간이 되는데, 이 시간엔 고급반뿐이라 못 가겠네요" 같은 상황이 생기면, 수업 참여율이 떨어질 수도 있죠. 특히 소규모 요가원이라면 레벨을 너무 세분화하면 클래스가 어중간하게 흩어질 때도 있어요.

게다가 레벨을 나누면 자신을 평가하게 되잖아요. '나는 못해', '나는 잘해' 같은 생각이 욕심으로 번져 부상으로 이어질 수도 있어요. 그럼 요가의 본질과 점점 멀어지죠. 숙련자라도 그날 컨디션에 따라 부드럽고 편안한 수련이 필요할 때가 있으니까요.

그래서 저희 요가원은 기본적으로 누구나 어울릴 수 있는 오픈 레벨로 운영해요. 다만, 'Wall Yoga'처럼 조금 도전적인 동작이 포함된 특수 클래스엔 참여 기준을 살짝 정해둬요. 기본 근력이나 수련 경험이 있는 분들이 더 깊이 즐길 수 있도록 말이죠.

==요가 수업의 핵심은 그날의 나에게 집중하는 거예요. 초보자에겐 기본기를 세심히 안내하고, 숙련자에겐 더 깊이 들어갈 수 있는 대안을 제안하면, 같은 수업안에서도 각자에게 맞는 경험이 되더라고요.== 물론 사람마다 리듬과 원하는 바가 다르니, 때론 단계를 나누는 것도 필요할 수 있어요. 하지만 그 경계가 너무 단단하지 않도록, 운영자의 유연한 조율이 함께 따라야 해요.

초급이든 고급이든, 나누는 건 방법일 뿐, 요가 수련의 본질은 늘 그 자리에 있죠.

Q58. 재등록이 안 되는 이유는 무엇인가요?

요가원을 운영하다 보면 가장 많이 드는 생각이 있어요.

"회원님이 수업도 열심히 들으시고 분위기도 좋아 보이셨는데, 왜 재등록을 안 하셨을까?"

겉으로 드러나는 이유는 가지각색이에요. 갑작스러운 감기, 출장, 아이들 방학, 일정 변경 같은 것들요. 하지만 깊이 들여다보면, '루틴이 끊긴' 탓에 다시 발걸음을 떼기 어려운 경우가 많아요. 몸은 요가를 기억해도 마음이 머뭇거리면 문을 열기가 쉽지 않죠.

출석이 1~2주 뜸해진 분께는 "요즘 잘 지내세요? 바쁘셔도 가끔 몸 챙겨주세요!" 같은 가벼운 안부가 큰 힘을 발휘해요. 부담 없이 다가가는 메시지가 다시 마음을 움직이곤 하죠.

또, 기대했던 '무언가'가 채워지지 않아 재등록으로 이어지지 않는 경우도 미리 살펴야 해요. 저희 요가원에선 회원님들이 처음 등록할 때 수련 목표나 기대하는 바를 적어주시도록 해요. "몸이 너무 뻣뻣해서요" 같은 짧은 이야기라도 그분의 수련 방향이 되거든요. 그리고 수련 기간 중간중간 점검하려 노력해요.

"무릎 통증은 좀 나아지셨어요?"

이런 소소한 안부가 "내가 기억되고 있구나"라는 따뜻한 느낌을 드리죠. 만약 "아니요, 여전히 불편해요"라는 답이 돌아오면, 그분이 곧 떠나실지도 모른다는 신호일 수 있어요. 그럴 때가 중요한 순간이에요. 우리가 놓친 건 없는지 돌아보고, 수업에서 더 세심히 챙길 기회로 삼아요. 필요하면 "이 부분을 조금 더 신경 써보시면 좋을 것 같아요"라며 부드럽게 안내해 드리죠. 이런 작은 대화가 수련을 이어가는 결정적인 계기가 되기도 해요.

그렇게 서로 주고받는 소통이 더 깊은 수련으로 이어진다면, 그게 우리가 꿈꾸는 연결 아닐까요? 저희는 이런 흐름을 자연스럽게 만들기 위해 재등록 안내 시스템을 운영해요. 가장 기본은 수강 기간이 끝나기 전에 문자로 알려드리는 거예요. 단순한 일정 안내를 넘어, 등록 혜택이나 연장 옵션을 함께 전하죠. 하지만 더 중요한 건, 한동안 뵙지 못한 분들께 먼저 안부를 묻는 거예요.

"요즘 잘 지내시죠? 수업에서 자주 못 뵈어 궁금했어요."

이런 진심 어린 메시지가 독촉이 아닌 배려로 느껴지면, 자연스레 대화하고, 그 안에서 연장 안내나 홀딩 제안을 할 수 있죠. 사실 이런 노력은 요가원에 큰 부담이 되지 않고, 회원님들께는 '내 상황을 이해해 주는구나'라는 감동으로 남아요. 그 감동이 쌓이면 재등록을 넘어 '다시 요가를 시작하고 싶다'는 마음으로 이어지기도 해요.

또 하나 중요한 건, 회원님들이 루틴을 끊지 않도록 돕는 환경을 만드는 거예요. 요가는 꾸준함 속에서 변화가 피어나니까, 중단 없이 이어가는 게 정말 소중하죠. 그래서 기간 내 재등록 시 작은 혜택을 드리고 있어요. 소소한 할인이나 작은 선물 같은 것들이요. 이건 단순한 마케팅이 아니라, 수련의 흐름을 잇기 위한 따뜻한 장치예요. 혜택 때문에 일부러 서두르셔서 등록하시는 분들도 계시더라고요.

재등록은 단순히 결제를 이어가는 게 아니에요. 바쁘고 지친 일상에서 '요가'를 다시 삶에 불러들이는 선택이에요. 그 선택은 '이 공간은 언제나 나를 환영할 준비가 되어 있구나'라는 믿음에서 비롯되는 것 같아요.

Q59. 요가가 운동이 아닌 수련인 이유를 어떻게 전달하나요?

요가를 처음 접하는 분들은 대개 '운동'을 하러 오시죠. 체형을 교정하거나 유연성을 키우고, 몸의 불편함을 다스리기 위해서요. 물론 요가를 통해 그런 변화를 충분히 느낄 수 있어요. 하지만 요가는 몸을 단련하는 데 그치지 않아요. 마음과 호흡, 삶의 태도를 함께 들여다보는 깊은 여정이에요.

몸을 움직이는 방식도 중요하지만, 그 움직임을 어떤 마음으로 대하는지, 같은 공간을 나누는 이들을 어떻게 배려하는지, 그리고 그 마음이 일상으로 스며드는 과정이 요가 수련의 진짜 핵심이라고 믿어요. 그래서 저는 요가가 단순한 '운동'을 넘어 '삶을 연습하는 시간'이 되길 바라요.

이 '수련'이라는 가치를 회원님들께 자연스럽게 전하려고, 작은 배려와 일상의 습관부터 다가가요. 먼저, 수련을 시작하기 전 그 시간과 공간을 온전히 마주할 준비를 하는 것이죠. 늦지 않게 도착해 조용히 자리를 잡고, 옆 사람의 존재를 느끼며 배려하는 마음이 요가의 첫걸음이라고 느껴요.

예를 들면 수업에 제시간에 오기, 수업 중 휴대전화 끄기, 탈의 후 깔끔히 정리하기 같은 소소한 행동들도 수련의 일부예요. 이런 작은 실천들이 모여 요가의 정신을 만들어가죠. 수업에 자주 늦으시는 분들이 간혹 있어요. 개인 사정은 충분히 이해하지만, 반복적으로 늦으면 함께 수련하는 분들이나 강사님께 많은 불편이 돼요. 특히 수업 초반 마음을 집중하는 조용한 시간에 늦은 입실로 방해가 된다는 불만도 많이 있었어요. 늦더라도 조용히 들어와 주시길 부탁드리는데, 사람마다 받아들이는 방식이 달라 조심스러울 때도 있어요. 그래서 부드럽지만 분명하게 메시지를 전하려 해요. 게시판이나 탈의실 앞에 짧은 문구를 붙이기도 하죠. 예를 들면 이렇습니다.

"수업 5분 전까지 자리를 잡아주세요."

"탈의실 문은 꼭 닫아주세요."

"노크 후 입장해 주세요."

이런 안내는 누군가를 지적하려는 게 아니라, 모두가 편안한 공간을 만들기 위한 다짐이에요. 탈의실에서 문을 열어둔 채 나가시거나 갑자기 문을 활짝 여는 바람에 불편을 겪는 경우가 종종 있거든요. 성인에게 이런 걸 하나하나 말씀드리는 건 쉽지 않죠. 그래서 '노크 부탁드려요', '문 닫아주세요' 같은 문구를 붙이거나, 등록 시 에티켓 안내를 드리며 수련실 밖에서도 요가의 마음이 이어지길 바라는 마음을 담아요.

그렇지 않으면 몸은 유연해져도 마음은 여전히 조급할 수 있고, 동작은 따라가도 수업이 끝난 뒤 공허함이 남을지도 몰라요. 그래서 요가를 통해 삶의 태도까지 나누고 싶어요.

'운동하러 왔다'는 마음으로 시작했더라도, 어느 순간 '나를 더 이해하고 싶다', '마음까지 편안해지고 싶다'는 바람으로 나아가길 바라요. 저희 요가원 게시판에 이런 문구를 붙여뒀어요.

"요가는 요가원에서 끝나는 게 아니라, 일상으로 이어지는 연습이에요."

회원님들이 그런 마음으로 수련을 이어가실 수 있도록, 작은 배려 속에서 요가의 깊은 가치를 부드럽게 전하려 해요. 그게 우리가 함께 수련하는 이유라고 믿어요.

Q60. 수업 예약제를 운영해야 할까요?

"처음엔 예약 없이 운영했는데, 인기 시간대엔 공간이 너무 북적여서 수업의 질이 떨어지더라고요. 예약제를 도입한 뒤로는 수업 흐름이 안정되고, 회원님들도 미리 자리를 잡을 수 있어 좋아하셨어요."

- 요가원 운영 4년 차 원장님 A

"요즘 다들 예약제를 운영하시기에 저도 편의를 위해 예약제를 도입했어요. 그런데 자주 예약 시스템에 오류가 생기더니 어느 날 업체가 없어져 회원들의 혼란이 커졌어요."

- 요가원 운영 6년 차 원장님 B

요즘 요가원 운영자들 사이에서 자주 오가는 고민 중 하나가 '수업 예약제를 시작해야 할까?'예요. 특히 코로나19 시기를 지나면서 이런 질문이 더 늘었죠. 예전엔 요가원이 널찍한 공간에서 여러 명이 함께 수련하는 경우가 많아 예약 없이도 수업을 문제없이 운영할 수 있었어요. 하지만 코로나를 겪으며 거리두기와 인원 제한에 익숙해졌고, 소규모 요가원이나 소그룹 수업 중심의 공간이 많아지면서 예약제가 점점 더 흔해졌어요.

예약제를 운영해 보면 장단점이 확실히 드러나요. 소그룹 수업이라면 예약제가 수업의 품질을 높이는 데 큰 도움이 되죠. 몇 명이 올지 미리 알 수 있으니 수련 강도나 시퀀스를 그에 맞춰 준비할 수 있고, 강사로서도 마음 놓고 수업을 설계할 수 있거든요. 회원님들의 이름을 미리 확인하고, 필요한 도구를 세팅해 두는 것도 가능해요.

그렇다고 예약제가 늘 좋은 것만은 아니에요. 예약했는데 깜빡 잊으시거나, 갑작스러운 일정 때문에 못 오시는 분들이 종종 계시죠. 더 난감한 건 예약한 줄 알고 오셨는데 시스템에 등록이 안 됐거나, 대기자가 있어 자리를 드리지 못하는 상황이에요. 이런 경우 서로 어색하고 마음이 불편해질 수 있더라고요. 그래서 저희 요가원은 인원 제한이 필요한 특정 수업에만 예약제를 적용하고, 다른 수업은 자유롭게 오실 수 있도록 하고 있죠.

운영자로선 예약제가 편해요. 출석을 관리하기도 수월하고, 매 수업 인원을 예측할 수 있으니까요. 하지만 회원님들께는 때론 부담으로 다가갈 수 있어요. 특히 요가를 처음 시작하시는 분들이나 연세 있으신 분들은 "예약까지 해야 하나요?" 하시며 살짝 당황하거나, 예약이 번거로워 수업 참여를 망설이시기도 해요. "갑자기 시간이 생겨서 10분 전에라도 가고 싶은데, 예약 안 했으니 안 되겠죠?" 하시며 아쉬워하는 분들도 계시고요.

다행히 요즘은 스마트폰에 익숙한 분들이 많아서, 몇 번 도와드리고 설명드리면 금방 적응하시더라고요. 60대 회원님들 중에도 앱으로 예약하시고 메시지 주고받으시는 분들이 많아요. 그렇게 하나씩 익숙해지다 보면, 나중엔 스스로 예약 확인하고 대기 등록까지 척척 하시죠.

예약에 익숙하지 않은 분들께는 천천히 도와드리며 함께 적응해 나가는 과정이 필요해요. ==예약제는 단순한 시스템이 아니라, 요가원과 회원님들이 신뢰를 쌓아가는 또 하나의 연결 고리라고 느껴요.==

결국 예약제를 도입할지는 요가원의 운영 스타일, 회원층, 수업 방식에 따라 달라져요. 정답이 따로 있는 건 아니에요. 중요한 건 어떤 방식을 택하든, '회원님들이 불편하지 않도록 얼마나 세심하게 챙기느냐'예요.

 **Q61. 음료나 요가복 등을 판매하는 것이 좋을까요?**

요가원을 운영하다 보면 예상치 못한 질문들을 많이 만나요. 특히 음료나 식품, 요가복 같은 용품 판매에 대한 문의는 저에게도 꽤 고민스러운 주제였어요. 처음엔 "요가원에서 굳이 그럴 필요가 있나?" 싶었지만, 회원님들의 편리함과 요가원 운영의 효율성을 생각하면서 여러모로 배운 게 많았죠. 음료나 식품 판매는 생각보다 복잡한 면이 있어요. 예전에 간편 다이어트 식품이나 음료 판매 제안이 몇 번 들어왔었는데, 그때는 관심이 없어서 깊이 알아보진 않았어요. 나중에 알게 됐지만, 포장된 간편 식품이라도 관할 시군구청에 식품 판매업 신고를 해야 하더라고요.

저희 요가원은 다이어트 전문 센터보다는 교정과 재활에 초점을 맞추다 보니, 다이어트 식품 판매가 우리의 콘셉트와는 좀 안 맞는다고 느꼈어요. 게다가 강사님들이 수업 전후로 회원님 응대나 수업 준비에 바빠서, 음료나 식품 판매까지 챙길 여유가 없었고요. 하지만 공간이 넉넉하고, 다이어트나 식단 관리에 중점을 둔 요가원이라면 회원님들의 편의를 위해 판매를 고려해 볼 만하다 싶어요. 다만 재고관리 등 다양한 문제에 대해서는 추가적인 고민이 필요합니다. 회원님들 중엔 "요가 선생님들은 뭘 드시나요?"라며 궁금해하시는 분들이 계세요. 건강한 음식을 공유하거나, 수련 후 간단히 먹을 수 있는 영양 밸런스가 좋은 식품을 제공하면 회원님들께 편리할 뿐 아니라 요가원의 이미지에도 좋은 영향을 줄 거예요.

요가복 판매도 비슷한 고민이 따르게 돼요. 요가 수련 시 편안한 복장을 하는 것이 중요하죠. 하지만 너무 헐렁한 옷은 자세를 정확하게 보기 어려워 지도에 어려움이 있을 수 있어요. 그래서 적당한 핏의 요가복을 추천해 드리는 편이에요. 요즘은 요가복이 일상복처럼 편하면서도 체형을 잡아주는 옷들이 많아졌죠. 예전에 저희 요가원에서 요가복을 판매한 적이 있어요. 하지만 요가복 브랜드가 워낙 많아지다 보니, 제가 모르는 더 저렴하고 멋진 브랜드도 많더라고요. 그래서 요즘은 요가복 판매보다는 회원님들께 괜찮은 브랜드를 추천해 드리는 쪽으로 바꿨어요. 요가복을 판매하면서 느낀 건, 판매에 집중할 수 없으니 재고가 남으면 신경 쓰이더라고요.

요가원을 운영하다 보면 음료, 식품, 요가복 같은 부가적인 판매는 요가원의 콘셉트와 운영 상황, 회원님들의 편리함을 모두 고려해야 하는 부분이에요. 회원님들과 요가원 모두에게 도움이 되는 방향으로 선택하면서 유연하게 대처하는 것이 좋아요.

Q62. 회원의 요구사항을 어떻게 파악하고 대처해야 하나요?

요가원을 운영하다 보면 아무리 세심히 준비해도 회원님들의 불만이나 아쉬움이 담긴 피드백을 마주할 때가 있죠. 특히 새 강사님이 수업을 시작하면, 낯선 수업 스타일이나 수련 깊이에 따라 느끼는 점이 달라서 그런 목소리가 종종 들려오곤 해요.

이럴 때 저는 모든 피드백에 즉시 반응하기보다는 잠시 숨을 고르려 해요. 물론 불편을 전해주신 마음에 귀 기울이고 감사하지만, 운영자가 너무 쉽게 흔들리면 중심을 잃기 쉽다고 느껴요. 다만, 공간이나 수련 중 불편함에 대한 의견은 가능한 한 빨리 고치고 보완하려고 노력하죠.

회원들의 모든 요구에 바로 뛰어들기보다, 충분히 듣고 공간의 흐름을 살핀 뒤 움직이는 게 더 나을 때가 많아요. 만약 회원님의 불만에 관한 이야기를 들을 때는 먼저 공감부터 시작해요.

"그 점이 불편하셨겠네요."

"소중한 말씀 정말 감사드려요."

이렇게 마음을 받아들인 뒤, 요가원과 강사님의 입장을 조

심스레 전해드리죠. 예를 들어, 강사님의 핸즈온(도움 터치)에 대한 불만이 있다면 이렇게 말할 수 있어요

"저희는 처음엔 회원님의 움직임을 충분히 살핀 후 핸즈온을 시작하도록 안내하고 있거든요. 처음 오신 분께 무리한 터치가 들어가면 자칫 위험할 수도 있어서요."

또, 수업 강도나 진행 방식에 대한 피드백이 들어오면 이렇게 다가가죠.

"그날은 강사님이 조금 더 부드럽게 풀어가려 하셨던 것 같아요. 그 흐름도 한 번 이해해 주시면 고맙겠습니다."

무엇보다 강사님의 자존감과 성장을 함께 지켜주는 게 중요해요. 강사님께 피드백을 드릴 때는 비난이 아니라 함께 조율하는 과정임을 분명히 전하려 해요. 그분도 이 공간에서 배우며 성장하는 동료니까요. 저는 대체로 회원님의 피드백보다 강사님의 입장을 먼저 헤아리고 보호하려 해요.

"강사님도 이제 이 공간에 적응해 가고 계세요."

"아직 회원님들의 수련 스타일을 파악하는 중이니 조금만 지켜봐 주시면 좋겠어요."

이런 식으로 긴 호흡으로 기다려주실 수 있도록 부드럽게 안내해 드리죠.

가끔 "그 강사님 수업은 저랑 안 맞는 것 같아요" 하시며 다른 수업을 선택하시는 분들도 계세요. 저는 그 선택도 존중해요. 그

런데 신기하게도, 시간이 지나면 처음 불만을 전했던 강사님의 수업을 다시 찾아오시는 경우가 꽤 있더라고요. 진심은 결국 마음에 닿나 봐요. 저희 요가원은 비교적 묵묵히 기다려주시는 분들이 많아서 선생님이 적응할 수 있는 시간을 얻을 수 있었고, 그 부분에 대해서는 많은 회원님들께 늘 감사한 마음을 가지고 있어요.

Q63. 회원 간 분쟁은 어떤 방식으로 대처해야 하나요?

요가원은 몸과 마음의 평화를 찾는 공간이지만, 사람과 사람이 만나는 곳인 만큼 가끔 예상치 못한 갈등이 생기기도 해요. 특히 수련 에티켓이 지켜지지 않거나, 공간을 공유하다 생긴 오해와 불편이 쌓이면 작은 일이 큰 다툼으로 번질 수 있죠.

예를 들어, 이런 상황들이 갈등을 일으킬 수 있어요.

- 탈의실에서 배려가 부족한 행동
- 수련실에서 소음을 내거나 다른 분의 매트를 밟는 실수
- 물건을 두는 방식이나 자리를 먼저 차지하는 문제
- 지나친 친밀감이나 무심코 던진 무례한 말투

이런 갈등이 생겼을 때 운영자가 제일 먼저 해야 할 건, 직접 갈등 한가운데로 뛰어들지 않고 중립적인 마음으로 양쪽 이야기를 귀 기울여 듣는 거예요.

'누가 옳고 누가 틀렸나'를 따지기보다는, '어떤 마음이 오갔

을까'를 이해하려는 태도가 더 소중해요.

저는 이런 일이 생기면, 두 분의 말씀을 차분히 들은 뒤 가능한 한 빨리 각자의 입장을 정리해 부드럽게 전달하려고 해요. 이때 상대방의 말을 순화해서 전하는 게 중요하죠. 날카로운 표현은 최대한 다듬어서 오해를 줄이는 거예요. 또 하나 꼭 챙기는 건, 요가원 차원의 책임을 인정하고 진심 어린 사과를 전하는 거예요.

"저희가 공간을 더 세심히 관리하지 못해 불편하게 한 점, 정말 죄송해요."

이 한마디가 분위기를 한결 부드럽게 만들어줘요. 누구를 비난하거나 책임을 떠넘기지 않고, 관리자로 먼저 평화로운 분위기를 위해 노력하는 모습을 보여주는 거죠. 요가 수련 공간은 단순히 운동하는 곳이 아니라, 모두가 함께 좋은 에너지를 만들어가는 장소예요. 그래서 회원 간 갈등을 단순한 개인 간 다툼으로 보지 않고, 요가원이라는 공동체의 조화에 생긴 작은 틈으로 바라보려 해요. 그 틈을 메우는 건 운영자의 빠르고 따뜻한 대응과, 장기적으로는 명확하면서도 부드러운 에티켓 안내라고 믿어요.

==저희 요가원에서는 새 회원님이 등록할 때 '요가 수련 에티켓'을 꼭 안내해 드려요. 수련 전 대화 자제, 타인의 공간 존중, 입실 시간 준수, 휴대전화 무음 설정, 탈의실 사용 시 배려 같은 기본적인 내용을 미리 공유하죠.== 이런 작은 안내가 갈등을 미리 막아주는 든든한 울타리가 돼요.

요가는 몸의 평화를 위한 수련이지만, 평화로운 공간은 저절로 생기지 않아요. 그건 우리 모두가 함께 지켜가는 마음가짐이에요.

요가원에서 누구도 불편하거나 상처받지 않도록, 원장은 늘 분위기를 다독이는 조용한 조율자 역할을 해야 한다고 느껴요. 그렇게 한 번의 갈등도 더 따뜻한 공간을 만드는 계기가 될 수 있죠.

Q64. 주위 요가원과의 경쟁은 필수인가요?

요가원을 운영하다 보면 주변의 다른 요가원들과 자연스레 비교하게 되는 순간들이 찾아오죠.

"저기는 할인 이벤트를 시작했네, 나도 해야 하나?"

"저기 시설이 더 근사해 보이는데, 우리 회원님들이 떠나면 어쩌지?"

이런 생각들이 머리를 스쳐요. 하지만 그럴 때마다 저는 스스로에게 묻곤 해요.

"내가 왜 이 요가원을 열었지?"

"이 공간에서 진짜로 나누고 싶은 건 뭘까?"

경쟁에 휘둘리기 시작하면 우리 요가원의 중심이 흔들려요. '나만의 길'이 뚜렷하지 않으면 남의 전략에 끌려다니게 되고, 그러다 보면 수업의 깊이도, 공간의 분위기도 흐려질 수 있죠. 차별화는 억지로 꾸며내는 게 아니라, 나답게 가는 데서 피어나는 거예요.

예를 들어, 저희 요가원은 유행하는 화려한 스타일을 좇기보다는, 우리 공간을 찾는 분들에게 꼭 필요한 요가가 뭔지 늘 고민하죠. 그게 우리 요가원의 교정과 회복이라는 정체성이 됐고, 그 점을 사랑해 주시는 회원님들이 꾸준히 함께해 주셨어요.

어떤 요가원은 댄스처럼 활기찬 요가를, 어떤 곳은 명상과 힐링을, 또 다른 곳은 다이어트에 집중해요. 모두 멋진 방향이지만, 핵심은 내 요가원의 길이 뭔지를 아는 거예요. 그 길이 선명할수록, 시간이 걸리더라도 우리 공간에 어울리는 회원님들이 찾아오시고 오래 머물러 주시죠. 그분들과 깊은 신뢰가 쌓이면서, 경쟁에 매달리기보다 '내 공간을 더 깊게 다듬는 일'에 몰두하게 되더라고요.

이런 마음을 굳힐 수 있었던 큰 계기가 있었어요. 지난 14년 동안 우리 요가원 주변에도 크고 작은 요가원들이 생겼다 사라지길 반복했어요. 그게 아무런 영향을 안 미쳤을 리 없죠. 요가원을 연 지 2년쯤 됐을 때, 바로 옆에 대형 요가원이 문을 열었어요. 처음엔 마음이 무너질 듯했어요. 아직 초보 원장이었던 터라 더 흔들렸던 것 같아요. 하지만 이대로 주저앉아 있을 순 없겠다 싶었죠.

그 요가원은 우리와 색깔이 달랐어요. 그러니 찾는 분들도 다를 거라 믿었어요. 그래서 우리 요가원의 정체성을 더 뚜렷이 다듬으며 차별화를 시작했죠. 그전까진 요가원의 방향을 강조하기보다, 신출내기 원장으로서 그저 열심히 수업과 운영에 매달려왔거든요. 돌이켜보면 그 일이 계기가 되어 우리 요가원의 색이 더 선명해지고, 뿌리가 단단해졌어요. 지금은 그때의 도전에 감사한 마음이에요.

요가원 운영을 하면서 경쟁은 피할 수 없지만, 거기에만 초점을 맞추기보다는 '내가 얼마나 나답게 이 공간을 키워가고 있는가'를 돌아보는 게 더 소중하다고 느껴요.

- 다른 요가원에 흔들리지 않는 것.
- 누군가를 따라 하지 않고, 내 공간만의 빛을 지키는 것.
- 내가 사랑하는 요가, 내가 만나고 싶은 사람들에 마음을 다하는 것.

"경쟁은 어쩔 수 없지만, 흔들릴 필요는 없어요. 중심은 내가 만드는 거예요." 이 문장을 제 수첩 첫 페이지에 적어놓고, 지금도 가끔 꺼내 읽어요.

Q65. 요가원의 미래는 어떨까요?

　　요가원의 미래를 생각할 때, 코로나19 시기의 온라인 요가 열풍과 그 뒤의 변화를 떠올리지 않을 수 없어요. 팬데믹 동안 집에서 온라인으로 요가를 배우는 분들이 많아지면서, 요가원이라는 공간의 의미가 흐려질까 걱정했죠.

　　온라인 수업은 안전한 환경에서 몸과 마음을 돌보고, 거리두기로 단절된 인간적 교류의 갈증을 달래는 데 큰 역할을 했어요. 그렇다고 오프라인 요가원의 가치가 퇴색된 건 아니에요. 시간이 지나며 현장에서만 느낄 수 있는 사람 사이의 에너지 교류, 신뢰, 따스한 연결감이 얼마나 소중한지 다시 깨달았어요. 온라인은 편리하지만, 요가의 본질적인 경험을 온전히 담아내기 어렵죠. 그래서 팬데믹 이후 오프라인 수업으로 돌아오는 흐름이 더 강해졌어요.

　　온라인 요가가 요가원의 존재감을 약화시키진 않을 거예요. 오히려 요가원은 사람들이 직접 만나 마음을 나누고 치유를 경험하는 특별한 공간으로 계속 빛날 거라 믿어요. 앞으로는 온라인과 오프라인이 조화를 이루는 '하이브리드' 방식이 요가원의 미래를 더 풍요롭게 만들 거예요. 집에서 편히 수업을 듣다가, 때론 요가원에 와서 강사님과 따뜻한 교감을 나누는 일상이 자연스러워지겠죠.

최근에는 AI 기술의 눈부신 발달로 인하여 많은 직업이 대체될 것이라는 이야기가 들려와요. 하지만 저는 오히려 요가원의 미래에 대해 큰 희망을 느끼고 요가 강사는 AI가 쉽게 대체할 수 없는 직업이라고 생각합니다. 그 이유는 요가가 단순히 동작을 가르치는 것을 넘어, 몸과 마음, 그리고 사람과 사람 사이의 에너지와 교감을 다루는 섬세한 작업이기 때문입니다.

기계나 프로그램이 사람의 움직임을 분석하고 자세를 교정하는 데 도움을 줄 수는 있어요. 하지만 사람의 숨결, 그날의 감정 변화, 수련하는 이의 에너지 흐름을 읽어내고 그에 맞춰 따뜻하게 반응하는 일은 여전히 인간만이 할 수 있는 영역입니다.

물론 AI와 기술은 요가원 운영에 있어 훌륭한 보조 수단이 될 수 있습니다. 개인의 자세를 분석하거나, 수련 데이터를 기반으로 맞춤형 피드백을 제공하는 데 큰 도움을 줄 것입니다. 하지만 그 기술을 어떻게 활용하느냐, 그리고 거기에 어떤 마음을 담느냐는 결국 사람의 몫입니다. 요가 강사나 요가원에서는 기술을 적절히 받아들이되 기계가 대신할 수 없는 따뜻함과 섬세함, 그리고 인간적인 '존재감'을 더욱 깊이 키워야 하겠지요. 앞으로 단순한 수련 공간을 넘어 사람들이 진정으로 연결되고 치유받는 공간으로 발전해야 요가원이 사랑받고 성장하리라 생각합니다. 그래서 저는 요가원의 미래를 단순히 '기술과 경쟁하는 공간'으로 보지 않습니다. 오히려 '기술이 다가올 수 없는 깊은 인간성의 영역'을 우리만의 강점으로 더욱 단단히 세워야 하는 시기라고 생각합니다.

==미래는 예측하기 어렵지만, 온라인과 오프라인이 자연스레 어우러지고, 다양한 방식으로 교감과 소통이 피어나며, 첨단 헬스케어 기술이 보조적으로 녹아든다면, 요가원은 몸뿐 아니라 마음까지 어루만지는 종합 치유 공간(Total Healing Care Space)으로 자리 잡을 거예요.==

누구도 대신할 수 없는 특별한 장소로 거듭나는 요가원의 미래는 분명히 밝을 거라 믿어요.

Q66. 요가원 운영에 있어 책임감이 어느 정도 필요할까요?

요가원을 운영하면서 처음엔 좋은 수업을 준비하는 게 책임의 전부라고 여겼어요. 하지만 시간이 지나며 깨달았죠. 이 공간을 찾는 모든 분들의 몸과 마음을 다독이는 것, 그게 진짜 책임이라는 걸요.

첫 번째 책임감은 회원님들에게 향해요. 특히 상담 후 등록하신 신규 회원님이 첫 수업에 오시는 날엔, 웬만하면 일정을 맞춰 함께하려 해요. 첫 수업은 이 공간이 '내가 믿고 다닐 곳'인지 결정하는 소중한 순간이니까요. 몸에 불편함이 있거나, 등록 전 고민을 많이 나누셨던 분이라면 더 세심히 챙기죠. 그분의 눈빛, 표정, 몸짓을 살피며 편안히 적응할 수 있게 돕는 건 저에겐 큰 기쁨이에요. 부득이 첫날 못 뵈어도, 다음번엔 꼭 소통하며 마음을 전하려 해요. 누군가 새 공간에 발을 들일 때 따뜻이 맞아주고, 편안히 녹아들 수 있도록 배려하는 마음은 작아 보여도 큰 힘을 품고 있어요. 회원님들이 이곳에서 존중받는다고 느낄 수 있도록, 가능한 한 이름과 등록 과정의 작은 이야기까지 기억하려 노력해요.

물론 지나친 관심을 부담스러워하시는 분들도 계시죠. 그땐 짧은 인사로 감을 잡고, 조심스레 거리를 두며 천천히 다가가요. 첫 수업 후에도 꾸준히 소통하며 신뢰를 쌓는 과정이 참 소중하더라고요.

현실적인 한계도 있어요. 요즘 요가원 운영을 육아와 병행하다 보니 모든 회원님을 100% 챙기기 쉽지 않을 때가 있죠. 그럴 땐 믿음직한 강사님들과 팀워크를 다지며, 제 빈자리가 느껴지지 않도록 신경 써요. 마음 한구석엔 책임감 때문에 '내가 직접 챙겼더라면' 하는 아쉬움이 남지만, '믿고 지켜보자'며 스스로를 다독이곤 해요.

두 번째는 강사님들과의 소통과 방향성 설정에 대한 책임감이에요. 정기적인 미팅으로 서로의 생각과 기대를 나누고, 운영에 적극 반영하려 해요. 열린 소통은 신뢰를 쌓고, 강사님들의 성장이 요가원의 발전으로 이어지죠. 지속적인 스터디와 워크숍을 통해 함께 배우고 자라는 기회를 만들어요.

마지막은 자기 관리예요. 요가원 원장으로서 가장 기본적이면서도 어려운 일이 바로 나를 돌보는 거죠. 요가는 몸과 마음을 다루는 수련이라, 내가 지치거나 아프면 회원님들에게 온전한 에너지를 나눌 수 없어요. 그래서 제 몸을 가장 귀한 재산처럼 여기려 해요. 바빠도 식습관, 충분한 잠, 꾸준한 개인 수련을 놓치지 않으려 하죠. 몸이 무너지면 마음이 약해지고, 결국 공간 전체의 기운이 흐트러지니까요.

몸이 힘들거나 부상이 있을 땐 억지로 수업을 밀어붙이지 않아요. 나를 지키지 못하면 아무것도 지킬 수 없다는 걸 요가를 통해 배웠어요. 매일의 수련은 같아 보여도 날마다 달라요. 오늘의 나를 세심히 들여다보고, 이완하거나 채워주는 시간을 가지는 게 진짜 수련이죠. 스트레스나 감정 흔들림이 올 땐 조용히 나를 다독이는 순간도 소중해요.

요가 지도자는 회원님들에게 거울 같은 존재예요. 내 몸과 마음이 건강할 때, 그 에너지가 자연스레 전해지죠. 그래서 늘 스스로에게 물어요.

"지금 나는 나를 잘 돌보고 있나?"

책임감은 거창한 게 아니에요. 한 사람 한 사람을 끝까지 마음에 두고, 강사님들과 함께 성장하며, 나를 지키는 마음이 쌓여가는 거죠. 이 공간에서 모두가 몸이 편안해지고, 마음이 가벼워지는 경험을 할 수 있다면, 너무 행복할 것 같아요.

Q67. 회원들과는 어느 정도의 거리두기가 적당할까요?

요가라는 수련은 워낙 특별해서, 회원님들과 수업 안팎에서 정서적으로 가까워지는 순간이 많아요. 일주일에 몇 번씩 얼굴을 맞대고, 몸과 마음의 상태를 조금씩 나누다 보면 어느새 인간적인 친밀감이 생기죠. 하지만 이 친밀감이 개인적인 관계로 넘어가는 건 조심해야 한다고 느껴요. 따뜻한 인사나 가벼운 안부, 짧은 대화는 수련 분위기를 부드럽게 만들고 서로에게 좋은 기운을 주지만, 정도를 넘어서는 사적인 만남이나 밖에서의 식사 같은 관계는 신중해야 하는 것 같아요.

왜냐하면 친해질수록 기대감이나 오해가 생길 수 있기 때문이에요. 외부에서 사적으로 만나는 건 정말 특별한 경우가 아니면 피하려고 해요. 예를 들어, 아주 오랫동안 요가원을 아껴주신 회원님이 이사 가시면서 식사하게 된 정도이죠. 그때도 가까운 회원님들이 함께할 수 있게 공개적인 자리로 만들어서 진행했어요.

가까워진 회원님이 강사님께 특별한 대우를 기대하거나, 무슨 일이 생겼을 때 더 큰 감정적 반응을 보이실 때가 있어요. 처음엔 좋은 마음으로 시작했지만, 결국 공간 전체의 조화를 흔들 수 있는 요소가 되어버리는 거예요.

주변 요가원 원장님들 얘기를 들어봐도 비슷한 경험을 하신 분들이 많더라고요. 특히 친하게 지내던 회원님이 갑자기 연락을 끊거나 요가원에 나오지 않으시면, '내가 뭘 잘못했나?', '서운한 점이 있었던 걸까?' 하며 한참 마음을 쓰시더라고요. 개인적인 관계가 깊어질수록 상대방의 감정 변화에 더 예민해지고, 관계가 어긋났을 때의 상실감이나 미안함도 커질 수 있다는 걸 간접적으로 느꼈어요.

그래서 저는 요가원 안에서의 친밀함을 회원님 한 분 한 분의 수련에 진심으로 집중하는 선에서 지키려고 해요. 따뜻한 눈빛으로 마주하고, 수업 중 작은 어려움을 느끼시는 회원님께 필요한 도움을 드리며, 그분들의 몸과 변화에 진심으로 관심을 보이는 것만으로도 신뢰의 연결은 충분히 만들어진다고 믿어요. 굳이 사적인 영역까지 깊이 들어가지 않아도, 요가라는 공통의 끈으로 서로 존중하고 배려하는 건강한 관계를 쌓아갈 수 있죠.

현실적으로 보면, 친밀한 관계를 거절하는 순간이 제일 어려워요. "같이 밥 한번 먹어요", "수업 끝나고 차 한잔 어때요?" 같은 제안을 받으면, 그 마음을 알기에 단호히 선을 긋는 게 조심스럽죠. 하지만 그 순간의 미안함보다 공간 전체의 안정감을 지키는 게 더 소중하다고 느껴요. 의외로 대부분 회원님들은 이런 경계를 잘 이해해 주시고, 오히려 그 안에서 더 깊은 믿음을 가지시더라고요.

감정적인 소모도 무시할 수 없어요. 회원님들의 개인적인 고민을 들어주고 공감하는 건 중요하지만, 모든 감정을 다 받아주다 보면 원장님이나 강사님들이 지칠 수밖에 없어요. 건강한 운영을 위해 적절한 선을 긋고 감정 에너지를 관리하는 것도 꼭 필요하다고 봐요.

"적절한 거리란, 관계를 가볍게 대하는 게 아니라 오히려 더 깊이 책임지는 태도"라는 말이 정말 맞는 것 같아요. 모든 관계를 차단하는 게 아니라, 요가원이라는 울타리 안에서의 관계가 지켜질 수 있도록 조심스럽게 경계를 세우는 거예요. 그게 서로에게 더 편안하고, 오랜 시간 건강한 신뢰를 유지하는 길이라고 믿어요.

요가원은 개인적인 친목을 위한 곳이 아니라, 함께 수련하며 몸과 마음을 키워가는 공동체예요. 따뜻함은 간직하되, 단단한 선을 유지하는 것. 그게 요가원을 안정감 있게, 그리고 오래도록 지켜가는 가장 좋은 길이라고 확신해요.

Q68. 회원 관리는 어떻게 해야 하나요?

어느 날, 몇 년 동안 오지 않던 회원님이 문을 열고 들어오셨어요. 저는 반갑게 이름을 불러 인사를 건넸죠. 그분이 잠시 멈춰 서시더니 이렇게 말씀하셨어요. "선생님, 어떻게 제 이름을 아직 기억하세요?"

그 순간의 따뜻한 미소가 잊히지 않아요. 요가원을 떠났던 누군가가 다시 돌아왔을 때, '나를 기억해 주는 곳'이라는 느낌을 전해주는 힘. 그게 회원 관리의 진짜 핵심 아닐까요?

요가원에서 회원 관리는 단순히 출석을 체크하거나 문자를 보내는 걸 넘어섭니다. 사람들과의 관계를 깊이 쌓는 게 무엇보다 소중해요. 회원 관리의 본질은 진심 어린 연결이에요. 이건 수업 전후 짧은 5분에서 시작된다고 느껴요. 한 분 한 분의 수련 여정에 마음을 다해 관심을 기울이고, 그분들의 리듬에 맞춰주는 태도가 신뢰를 키우는 열쇠죠.

수업 전후의 대화를 통해 회원님의 컨디션이나 감정 변화를 세심히 살피고, 그에 따라 수업 흐름을 유연하게 조정하는 마음이 중요해요. 회원님마다 수련 속도가 다 달라요. 어떤 분은 꾸준히 오시다가 잠시 쉬기도 하고, 또 어떤 분은 오랜만에 다시 찾아오시죠. 그때 "왜 안 나오셨어요?"라고 묻기보다, "다시 와주셔서 정말 반갑네요"라고 웃으며 맞이하는 여유가 필요해요. 이런 마음이 회원님들이 요가원에 오래 머물고 싶게 만드는 든든한 뿌리가 됩니다.

회원 수가 많아지면 관리가 피상적으로 되기 쉬워요. 강사 한 명이 모든 걸 기억하고 대응하기엔 벅찰 때가 있죠. 그럴 땐 강사들끼리 정보를 공유하는 체계를 만드는 게 큰 도움이 돼요. 수업 중 관찰한 점, 회원님의 특별한 상황, 최근 컨디션 변화 등을 팀 안에서 나누면, 모든 강사가 한결같은 시선으로 회원님을 바라볼 수 있어요. 이렇게 하면 신뢰감이 쌓이고, 일관된 서비스를 유지할 수 있죠.

출석이 뜸해진 회원님께 연락할 때도, 관리하려는 태도보다는 관심을 담는 게 좋아요. "왜 안 나오세요?" 대신 "요즘 잘 지내고 계시죠?" 같은 안부가 훨씬 따뜻하게 다가갑니다. 작은 인사 한마디가 회원님께 오래 기억되는 특별한 순간이 될 수 있어요.

이 모든 세심한 배려가 가능해지려면, 강사 자신도 마음이 안정되고 에너지가 충만해야 해요. 감정이 바닥난 상태에선 진심 어린 소통이나 섬세한 관찰이 어려워요. 결국 회원님과의 거리로 이어질 수 있죠. 그러니 강사도 균형을 지킬 수 있는 환경과 시스템이 꼭 필요하다고 믿어요. 결국 회원 관리는 단기적인 결과보다 오랜 신뢰와 관계를 쌓는 데 뿌리를 둬야 해요. 그게 요가원의 정체성을 만들고, 오래도록 이어지게 하는 힘이라고 생각해요.

몇 가지 실전 팁을 나눠볼게요. 출석이 뜸해진 회원님께는 "왜 안 오세요?" 대신 "잘 지내고 계셨나요?"로 안부를 전해보세요. 강사들끼리 회원님의 상태나 특징을 공유하며, 팀 전체가 따뜻한 관찰자가 되어주세요. 수업 전후 1~2분의 짧은 대화가 쌓이면 깊은 신뢰로 이어져요. 회원님의 소소한 정보를 메모해 뒀다가 다음 만남에서 자연스럽게 꺼내보세요.

회원 관리의 핵심은 얼마나 진심으로 그 사람을 바라보느냐에 달려 있어요. 요가원이 단순히 수업을 제공하는 곳이 아니라, 몸과 마음이 쉬어가는 쉼터로 자리 잡으려면 관계의 깊이와 이어짐에 마음을 써야 해요. 회원님이 '여긴 나를 알아주는 곳'이라고 느끼는 순간, 요가원은 단단한 뿌리를 내리게 되죠.

Q69. 요가원 운영, 얼마나 걸려야 안정될까요?

요가원을 시작하고 몇 년이 지났을 무렵, 주변에서 종종 이런 질문을 들었어요. "이제 좀 자리 잡았지?" 그때마다 "네"라고 쉽게 답하지 못했어요. '자리를 잡는다'는 말이 저에겐 좀 낯설게 느껴졌거든요.

언뜻 듣기엔 자리 잡았다는 말이 안정감을 주는 것 같지만, 저에게는 그것이 오히려 '정체'로 느껴졌습니다. 안심하는 순간, 바로 뒤처질 수도 있다는 생각이 항상 있었거든요.

요가원은 단순히 문을 열고 수업을 여는 곳으로 끝나는 게 아니에요. 매일이 새롭고, 회원님들의 리듬, 계절의 변화, 사회적 흐름 같은 외부 움직임에 귀 기울여야 하는 '살아 숨 쉬는 공간'이에요. 운영 초반엔 하루하루가 실험의 연속이었어요. 회원 수에 맞춰 수업을 조정하다 보니 공간이 꽉 차거나 휑한 날도 있었죠. 계절에 따라 수업 패턴이 바뀌고, 예상치 못한 변수들이 줄을 이었어요. 불안정한 순간들이었지만, 그 안에서 배우고 적응하는 힘이 자랐어요.

보통 요가원이 자리를 잡는 데 2~3년 정도 걸린다고들 해요. 이쯤 되면 고정 회원님들이 생기고, 수입과 지출이 어느 정도 예측 가능해지며, 운영의 흐름도 잡히죠. 하지만 그 길이 늘 순탄한 건 아니에요. 초반엔 수입이 오락가락하고 운영비 부담이 만만치 않았던 때도 있었어요. '이게 정말 내가 꿈꾼 대로 될까?' 하는 불안이 머리를 스쳤죠. 그래도 시간이 쌓이면서 회원님들과의 관계가 깊어지고 수업의 질이 나아지니, 점차 안정감이 싹텄어요. 그렇게 고정 회원이 늘고 수업이 안정되기 시작해도, 마음 한편엔 이런 생각이 들었어요. "정말 자리를 잡은 걸까, 아니면 익숙함에 안주하는 걸까?"

그러던 어느 날, 오랜만에 만난 한 원장님과 이런저런 얘기를 나눴어요. 그분은 5년 차에 들어서며 나름 안정감을 느끼고 계셨는데, 근처에 새로 생긴 대형 프랜차이즈 요가원이 파격적인 가격 이벤트를 열면서 회원들이 떠나는 것 같다고 하셨어요. 요가의 깊이보다 가격이나 접근성에 더 끌리는 모습들을 보며, 어쩔 도리가 없다고 자책하셨죠.

저도 운영 초기 겪었던 일이기에 깊이 공감했어요. 그리고 얼마 후 좀 어떠시냐는 연락을 드려보았어요. 그 원장님은 자책으로 끝내지 않고, 다시 기본으로 돌아가 내 요가원만의 매력을 깊이 들여다봤다고 해요. 회원 수를 급히 늘리려 애쓰기보다, 남아 있는 분들의 이야기에 더 귀 기울이고, 커리큘럼을 섬세히 다듬으며 진심을 쏟았대요. 그러자 몇 달 뒤 새로운 회원님들이 자연스레 찾아오고, 떠났던 분들 중 일부도 다시 돌아오셨다고 하더라고요.

그 이야기를 들으며 저도 깨달았어요. ==요가원이 오래도록 이어지려면 익숙함보다 예민한 관찰이, 고정된 틀보다 유연한 변화가 더 필요하다는 걸요.== 하지만 현실은 만만치 않아요. 5년 차, 심지어 10년 차에도 불확실한 순간은 찾아올 수 있어요. 시장 경쟁이나 경제 상황, 코로나 같은 외부 요인 때문에 회원님들의 반응이 달라질 수 있죠. 근처에 대형 요가원이 생기거나 트렌드가 급변하면 더 그렇고요. 그럴 때마다 새로 고쳐나가고 적응하려는 자세가 필요해요.

요가원은 물리적인 공간이지만, 그 안을 채우는 건 사람과 시간의 흐름이에요. 그래서 진짜 '자리 잡는 것'은 단단히 멈춰 서는 게 아니라, 유연하게 흘러가며 중심을 잃지 않는 거라고 믿어요. 누군가 다시 "이제 자리 잡았죠?"라고 물으면, 이렇게 답하고 싶어요. "아직이에요. 아마 평생 그 말은 못 할지도 몰라요."

결론적으로, 안정의 열쇠는 한 번 자리를 잡고 멈추는 게 아니라, 요가원의 가치를 계속 키워나가는 여정에서 찾아진다고 생각해요.

Q70. 강사 생활과 비교했을 때 요가원 원장의 장단점은 무엇인가요?

요가 강사로 활동하던 시절, 저는 여러 공간을 누비며 다양한 회원님들을 만났어요. 수업마다 새로운 환경과 얼굴들을 마주하는 건 큰 자극이었고, 덕분에 다양한 스타일과 에너지를 접하며 수업 역량을 키울 수 있었죠. 프리랜서 강사의 삶은 자유롭고 유연한 매력이 있어요. 내 일정을 스스로 짜고, 한 공간에 얽매이지 않으니 폭넓은 수련 환경을 경험할 수 있거든요.

하지만 시간이 지나면서 체력 소모가 만만치 않다는 걸 느꼈어요. 시간 대비 수입도 효율적이지 않았죠. 하루에도 몇 번씩 장소를 옮겨 다녀야 했고, 한곳에 오래 머무르지 못하다 보니, 누군가의 몸과 마음에 깊은 변화를 함께 지켜보는 여정을 길게 이어가지 못한 게 아쉬웠어요. 이 일을 오래 하다 보니 "내가 진짜 원하는 요가는 뭘까?", "어떤 방식으로 요가를 나누고 싶을까?"라는 질문이 점점 더 선명해졌어요.

창업은 계획한 일이 아니었어요. 석사 과정을 마칠 무렵, 우연한 기회에 운영을 시작하게 됐죠. 물론 깊은 고민 끝에 내린 결정이었어요. 이 길을 택한 건 단순히 수업을 하는 것을 넘어, 내 철학이 담긴 공간을 만들고 싶었기 때문이에요. 내가 사랑하는 요가를 더 깊이, 그리고 지속해서 나누고 싶었거든요. 수업을 가르치는 것에서 그치지 않고, 요가의 가치를 담은 문화를 만들어가는 사람이 되고 싶었어요.

요가원 원장의 삶은 강사 시절과는 전혀 다른 것 같아요. 강사는 수업 자체에 온전히 몰두할 수 있지만, 원장은 수업과 운영의 균형을 끊임없이 조율해야 해요. 수업 전후 관리, 공간의 분위기, 강사님들과의 소통, 재무 관리, 홍보, 회원 응대까지, 하루의 많은 시간이 수업 바깥의 일로 채워지죠. 심지어 주말에도 상담이나 예약 관리에 신경 쓰다 보면 제대로 쉬기 어렵기도 해요.

그럼에도 이 길을 이어가는 건, 내가 꿈꾸는 요가의 방향과 문화를 직접 그려갈 수 있기 때문이에요. 프리랜서 시절엔 느낄 수 없었던 회원님들과 깊은 유대, 한 사람의 변화를 곁에서 지켜보는 기쁨, 공간을 통해 요가가 누군가의 삶에 스며드는 모습을 보는 건 원장으로서만 누릴 수 있는 특별한 보람으로 느껴요.

제 주변 한 원장님은 요가 외에 다른 취미를 살려 두 가지 일을 병행하고 싶어 하셨어요. 하지만 요가원을 운영하면서 그게 불가능하다고 느끼시고, 결국 프리랜서로 돌아가 요가와 다른 직업을 함께하며 만족스러운 삶을 꾸리셨어요. 한 곳에 묶이는 걸 힘들어 하는 분들은 창업의 길을 쉽게 선택하지 못하시더라고요. 저도 그런 성향이었다면 오래 버티지 못했을지도 몰라요.

==프리랜서 강사로 보냈던 시간도 소중하고, 지금 이 공간을 운영하는 순간도 매일 의미를 더해가요. 결국 중요한 건 '내게 맞는 방식으로 요가를 나누는 삶'을 찾는 거예요.== 요가 강사는 요가를 가르치는 사람이고, 요가원 원장은 요가 문화를 만들어가는 사람이죠. 어느 길이 더 낫다고 할 순 없어요. 내가 어떤 방식으로 요가를 전하고 싶은지, 그 고민과 선택이 핵심이라고 믿어요.

지금도 가끔 강사 시절의 자유로움이 그리울 때가 있어요. 하지만 이 공간을 지키며 회원님들과 함께 쌓아가는 시간 속에서 더 깊은 의미를 찾아가고 있죠. 저는 여전히 이 길 위에서 요가를 배우고, 나누고 있어요.

Q71. 요가원 운영 중 가장 힘들 때는 언제인가요?

요가원을 운영한다고 하면 늘 고요하고 평화로울 거로 생각하실지도 몰라요. 하지만 때론 거센 파도처럼 예상치 못한 위기가 밀려오죠. 제가 겪은 가장 큰 위기는 단연 코로나19 시기였어요.

갑작스레 모든 수업이 멈추고, 요가원은 텅 비어버렸어요. 늘 따뜻한 기운으로 가득하던 공간이 썰렁하게 느껴졌죠. 그땐 세상이 멈춘 듯 막막했고, 깊은 불안에 휩싸였어요. 그래도 가만히 있을 순 없어서 혼자 요가원에 나와 공간을 돌보곤 했죠.

특히 기억에 남는 일이 있어요. 어느 날 행정 직원에게 연락이 왔는데, "지금은 한 사람도 그 공간에 있으면 안 됩니다"라고 하시더라고요. 여러 사람이 모이는 걸 막는 건 이해했지만, 혼자 있는 것도 안 된다니 이해하기에 어려웠어요. 하지만 전례 없는 상황에 모두가 혼란스러운 때라, 저도 조용히 문을 잠그고 집으로 향했던 적이 있어요.

고정 지출은 그대로인데 수입이 끊긴 것도 큰 부담이었지만, 그보다 더 무거웠던 건 회원님들과의 연결이 끊길지 모른다는 두려움이었어요. 하루아침에 멈춰버린 흐름 속에서, 그동안 쌓아온 관계가 사라질까 걱정됐죠. 그 시기를 겪으며 물리적인 공간의 한계를 뼈저리게 깨달았고, '요가가 사람에게 어떤 힘을 주는가'를 깊이 고민하게 됐어요.

그때 처음으로 온라인 클래스라는 낯선 도전을 시작했어요. 원하시는 회원님들과 화면을 통해 수련을 이어갔죠. 모두 처음 해보는 일이었지만, 요가를 향한 마음이 있었기에 가능했어요. 우리 강사님들과 힘을 모아 온라인 수업을 준비했던 시간은 지금 돌이켜봐도 소중하고, 그분들께 참 고맙죠.

위기는 밖에서 왔지만, 내 안에서도 많은 혼란을 일으켰어요. '이 길을 계속 걸을 수 있을까?'라는 고민, '또 이런 일이 생기면 어쩌지?' 하는 두려움, '공간이 다시 열릴 때까지 회원님들이 기다려주실까?' 하는 걱정, 모든 걸 처음부터 다시 해야 할 것 같은 불안이 몰려왔어요. 코로나 상황이 길어지면서 휴원이 계속됐지만, 오프라인 수업이 재개됐을 때 놀랍게도 많은 분들이 돌아와 주셨어요. 그동안 요가를 통해 스스로를 다잡으셨다는 말씀을 들으며 가슴이 뭉클했죠. 하지만 운영은 쉽지 않았어요. 수업 시간과 인원 제한, 백신 패스 확인, 체온 측정 등 신경 쓸 일이 산더미였거든요.

그 위기를 지나며 운영자로서 더 단단해졌어요. 요가의 본질을 다시금 배웠죠. 평소 당연하게 여겼던 순간들이 얼마나 귀한지, 위기 속에서도 진심은 사람의 마음을 붙잡는다는 걸 깨달았어요.

그 시기를 통해 공간을 책임지고 사람들을 지켜내는 '운영자'로 성장할 수 있었어요.

지금도 요가원 문을 열고, 매트 위에 앉은 회원님들을 마주할 때면 그때가 떠올라요. 그 경험 덕분에 깨달은 게 있어요. 위기는 언제든 다시 올 수 있지만, 그때도 다시 일어설 수 있다는 믿음이 생겼죠.

==운영이 늘 순탄한 건 아니에요. 계절 변화, 지역 상황, 개인 사정으로 오르내림이 있죠. 하지만 그 시기를 이겨낸 덕에 이제는 흔들려도 중심을 잡으려 노력해요.== 요가는 어떤 순간에도 나를 일으키는 힘이에요. 그 힘을 나누는 공간을 계속 지켜가고 싶어요.

가장 큰 파도 속에서도 요가답게 버티는 법을 배웠어요. 같은 시기를 지나온 많은 요가인들이 비슷한 마음이 아니었을까 싶어요.

Q72. 요가원의 성과를 평가하는 기준은 무엇인가요?

자주 듣는 질문이 있어요. "지금 회원님들 몇 명이나 되세요?" "요가원 잘 되세요?" 그런 질문을 받을 때면, '잘 된다'는 건 과연 어떤 기준으로 말할 수 있을까 생각하게 돼요. 나만의 성과 잣대가 필요하다는 생각이 들죠.

많은 분들이 요가원의 성공을 회원 수나 매출로 이야기하곤 해요. 물론 그 숫자들이 전혀 의미 없다고 할 순 없어요. 공간을 꾸려가려면 재정이 튼튼해야 하고, 어느 정도 회원님들이 계셔야 하니까요.

하지만 저는 숫자가 말해주지 않는 부분에 더 마음이 가요. 가령 이런 순간들이요. 처음 오셨을 때 몸도 뻣뻣하고, 마음도 무거우셨던 회원님이, 몇 달 뒤 "요가하고 나면 하루가 훨씬 가볍게 흘러가요"라며 웃으실 때, 혹은 요가 덕분에 마음이 차분해져서 가족과의 관계가 좋아졌다는 이야기를 듣게 될 때, 한 번 떠났던 회원님이 다시 찾아와 "여기가 떠올랐어요"라고 말해주실 때. 이런 순간들이 제가 오히려 느끼는 진짜 성공과 성과예요.

오랜 시간 한자리에서 요가원을 운영하다 보니 이런 일을 몇 번 겪었어요. 다니시던 회원님이 개인 사정으로 떠나셨다가, 몇 년 뒤 다시 찾아오시는 거예요. 1년쯤 쉬셨다가 돌아오신 분도 있지만, 아주 최근에는 10년 만에 결혼 후 아기 엄마가 돼서 오신 분도 계셨어요. 다시 찾아오신다는 건 이 공간이 좋은 기억으로 남았다는 뜻이잖아요. 그럴 때마다 '내가 잘하고 있구나'라는 생각이 들어요.

그래서 저는 성과를 단순한 외적 결과로 보지 않아요. '이 공간에서 보낸 시간이 어떤 마음의 변화를 일으켰는지', '그 변화가 그분의 삶에 어떤 울림으로 퍼져가는지'를 살피는 과정이라고 느껴요. 만약 그걸 숫자로 나타낸다면, 아마 '재등록률'일 거예요.

'얼마나 많은 분이 왔는지'보다 '얼마나 많은 분이 다시 찾아오시는지'가 더 소중하거든요. 물론, 현실적인 숫자를 챙기는 것도 필요해요. 수업의 질을 점검하고, 운영에서 부족한 부분을 고쳐나가는 노력도 함께해야죠. 하지만 이 모든 건 결국 한 가지 질문에 뿌리를 둬요. '이 분이 요가를 통해 더 편안한 삶을 살아가고 계신가?' 이 질문에 답할 수 있을 때, 그 노력이 진짜 의미가 있다고 믿어요.

==수업에 만족하고, 공간의 따뜻함에 마음이 끌려, 스스로 수련을 이어가고자 다시 등록하시는 분들. 그분들의 선택이 제가 느끼는 가장 진심 어린 성과예요. '성과'는 숫자로도 볼 수 있지만, 진짜 성과는 사람들의 이야기로 남는다고 생각해요.== 그래서 저는 오늘도 그 이야기를 더 깊이 쌓아가는 요가원을 꿈꿔요.

Q73. 남성 회원이 많으면 어떤 장단점이 있을까요?

오래전 한 남성 회원님이 하신 말씀이 아직도 기억에 남아요. "남자가 할 수 있는 일상적인 운동이 별로 없어요. 헬스는 혼자 꾸준히 하기 어렵고, 축구나 농구는 팀이 있어야 하니까 자주 못 하죠. 요가는 혼자지만 혼자가 아닌 느낌이라 좋아요." 그러시면서 남성도 환영하는 요가원이라 고맙다고 하셨어요.

요즘은 요가에 대한 인식이 바뀌면서 남성 회원님들이 점점 늘어나고 있어요. 그래도 '요가는 여성 운동'이라는 고정관념이 남아 있어서, 요가원 운영자나 강사로서 남성 회원이 많을 때 기대와 고민이 함께 생기죠.

먼저 장점부터 얘기해 볼게요. 남성 회원님들의 참여는 요가원에 다양성과 균형을 더해줘요. 요가의 뿌리를 보면, 고대 인도에서 남성 수행자들이 수련하던 데서 시작됐어요. 세월이 지나 서구로 퍼지면서 여성 중심 운동처럼 여겨졌고, 현대엔 다이어트나 몸매 관리로 강조되며 여성 이미지가 강해졌죠. 하지만 요가는 본질적으로 성별과 관계없이 모두에게 어울리는 수행이에요.

남성 회원님들은 신체적으로 변화가 비교적 빨리 나타나서, 요가의 효과를 곧잘 느끼시고 꾸준히 이어가시는 경우가 많아요. 체형 불균형, 만성 통증, 운동 부족 같은 문제를 요가로 개선하면서 큰 만족감을 표현하시죠.

게다가 남성 회원이 많으면 요가원 운영에도 좋은 흐름이 생겨요. "요가가 너무 좋아서 남편도 데려오고 싶었어요"라고 하시는 분들이 많아요. 남성 회원이 어느 정도 있다면, 여성 회원님들이 배우자나 연인을 부담 없이 데려오시죠. 커플이 함께 요가하며 서로의 몸과 마음을 돌보고 삶의 리듬을 맞춰가는 모습을 보면, 요가가 이들 관계에도 좋은 영향을 준다는 걸 느껴요.

그럼, 단점은 뭘까요? 단점이라기보다는 '조금 더 신경 써야 할 부분'이 맞는 표현일 거예요. 남녀가 섞인 공간에선 에티켓이 중요해요. 핸즈온 지도 전 동의 구하기, 탈의실이나 샤워실 같은 프라이버시 보호를 위한 세심한 운영은 필수죠. 또 남성 회원님들은 유연성이 부족한 경우가 많아서 무리한 동작 대신 정렬 중심의 지도가 필요해요. 수련 초반엔 체형에 맞춘 안전한 접근이 꼭 들어가야 하고요.

저희 요가원은 오래전부터 남성 회원님들이 꽤 많았어요. 그분들이 긍정적으로 변화하는 모습을 보면서 요가의 필요성을 더 절감했죠. 요가는 단순한 운동이 아니라 심신의 균형을 잡고 감정을 다스리는 데도 큰 도움이 돼요. 꾸준히 수련하시는 남성 회원님들

피드백을 들어보면, 더 차분하고 안정된 삶을 꾸려가는 힘이 생긴다고 하시더라고요. 남성들은 감정을 잘 드러내지 않거나 스트레스를 속으로 삭이는 경향이 있는데, 요가는 그런 감정을 건강하게 풀어내는 길을 열어주죠. 심리적 안정과 감정 관리에도 큰 역할을 해요.

==요가는 누구에게나 열려있는 수행이에요.== 남성과 여성 모두에게 꼭 필요한 길이죠. 남성 회원님들의 참여는 요가원에 새로운 활기를 불어넣고, 성별의 벽을 넘어 요가가 본래의 모습으로 뿌리내릴 수 있게 해요. 다만, 그 안에서 운영의 섬세함, 문화적 배려, 지도의 유연성이 함께 준비된다면 장점이 더 빛날 거예요.

Q74. 신규 회원과 장기 회원 어느 쪽이 더 중요할까요?

"회원수는 충분한데, 뭔가 안정감이 부족해요." 요가원 상담이나 교육에서 이런 고민을 털어놓는 원장님들을 가끔 보게 되는데요. 그때 저는 이런 질문을 드려요. "지금 다니시는 회원님들, 얼마나 오래 함께하고 계신가요?"

요가원을 운영하다 보면 늘 고민인 부분이 신규 회원을 모으는 것과 장기 회원을 지키는 것, 둘 중 어디에 더 힘을 쏟아야 할까 하는 거예요. 둘 다 소중하다는 건 알지만, 시간이 지나면서 저는 장기 회원을 유지하는 데 더 중점을 두고 있는 것 같아요.

물론, 요가원이 활기차게 돌아가려면 새로운 회원님들이 꾸준히 찾아오셔야 해요. 새 얼굴들이 오시면 공간에 생기가 돌고, 다양한 연령대와 삶의 이야기를 가진 분들을 만나면서 요가원도 성장하죠. 요즘은 요가를 시작하는 이유나 관심사가 예전과 많이 달라져서, 새로운 분들과의 만남이 요가원의 색깔을 더 풍성하게 만들어주기도 해요.

그렇지만 저는 기존 회원님들이 꾸준히 수련을 이어가는 걸 더 소중히 여겨요. 왜냐하면 요가는 한 번 하고 마는 운동이 아니잖아요. 몸과 마음의 조화를 찾으려면 시간과 노력이 필요한데, 그 긴 여정을 함께 걸어주는 분들이 요가원의 든든한 뿌리예요. 장기 회원이 많다는 건 이 공간이 신뢰받고 있다는 증거라고 생각합니다.

예전에 한 회원님이 이런 말씀을 하셨어요. "선생님, 여긴 정말 제 두 번째 집 같아요." 그분은 제가 요가원을 인수하기 전부터 다니셨으니, 저보다 이 공간과 더 오래 인연을 맺으신 분이죠. 또 다른 분은 "여기 오면 마음이 차분해져요. 아무리 정신없어도 수업이 끝나고 나면 한결 가벼워져요"라고 하셨어요. 그 말을 듣고 '이런 분들이 열 분, 스무 분 계시면 요가원은 정말 튼튼하겠구나'라고 속으로 생각했어요. 그분은 15년 이상 꾸준히 수련 중이시고, 종종 친구분들을 데려오셨어요. 그게 가장 살아있는 홍보이자 큰 힘이 되더라고요.

사실 신규 회원을 모으는 건 꽤 많은 품이 들어요. 온라인 광고나 이벤트를 준비하려면 시간과 에너지가 필요하죠. 그런데 새로 등록하셔도 출석이 뜸하거나 몇 번 수업을 듣고 그만두시는 경우가 적지 않아요. 반면 장기 회원님들은 이미 이 공간에 익숙하고 신뢰를 쌓으셔서, 자신만의 수련 리듬을 만들어가시죠. 작은 변화에도 긍정적으로 반응하시고, 요가를 삶의 일부로 받아들이시는 분들이 많아요.

그래서 저는 '어떻게 더 많은 분을 끌어올까'보다 '이미 와주

==신 분들이 오래 머물 수 있게 하려면 뭘 해야 할까'에 더 마음을 써요. 결국 답은 회원님 한 분 한 분의 이야기에 귀 기울이는 거예요.== 요가가 잘 맞는지, 수업 흐름이 불편하진 않은지, 수련하면서 어떤 변화를 느끼시는지 함께 대화하며 필요한 부분을 조정해요.

요가원은 운동을 통하여 누군가의 몸과 마음을 보듬는 공간이죠. 그래서 한 사람 한 사람과 깊은 인연을 맺는 게 이곳을 단단하게 만드는 힘이라고 믿어요.

신규 회원 유치는 요가원을 널리 알리는 에너지라면, 장기 회원 유지는 뿌리를 깊게 내리는 힘이에요. 요가원이 따뜻하고 건강한 공간으로 오래 남으려면, 저는 그 뿌리를 튼튼히 하는 데 더 집중하고 싶어요. 그러다 보면 자연스레 새로운 분들도 찾아오시고, 이곳이 누군가에게 '늘 돌아오고 싶은 곳'으로 기억될 거예요. 그 기억이 저에게도 요가원을 계속 이끌어가는 원동력이 되니까요.

Q75. 상담 노하우가 있다면?

상담은 '요가'라는 세계에 처음 들어서는 문이라고 생각해요. "여기 분위기가 좋아 보여서 그냥 들어와 봤어요.", "지나가다 한번 들렀어요" 이렇게 말씀하시는 분들을 만나면, 등록을 유도해야 할까 고민되죠. 하지만 이런 분들께는 등록을 서두르기보다, 이 공간에서 편안함을 느끼고 요가에 대한 좋은 첫인상을 남기는 게 더 중요해요. 바로 등록으로 이어지지 않더라도, 좋은 기억이 남으면 언젠가 이곳을 다시 떠올리실 거예요. 요가는 준비된 사람에게 천천히 스며드는 여정이니까요.

요가원을 운영하다 보면 상담은 늘 긴장되면서도 설레는 순간이에요. 등록을 원하는 분과 처음 마주하는 자리에서 요가원의 첫인상이 결정되기도 하니까요. 하지만 저는 상담을 단순히 등록을 위한 전략으로 보지 않아요. 오히려 상대방의 삶과 필요를 듣고, 이 공간이 그분의 삶에 어떤 도움을 줄 수 있을지 함께 찾아가는 대화예요. 등록은 그 이후 자연스럽게 따라오는 결과일 뿐이죠.

요가원마다 가진 운영 철학에 따라 상담 노하우는 달라질 수 있어요. 상담 실장님이나 매니저가 있는 경우, 등록을 고민하는 분들에 대해 보다 적극적이고 과감하게 상담을 진행할 수도 있죠. 서로 기대하는 방향이 같다면, 이러한 적극적인 상담을 통해 매출이나 회원 수를 높이는 데 도움이 될 수도 있습니다.

요가원은 상품을 파는 곳이 아니잖아요. 그래서 상담할 때 미리 준비한 말을 반복하기보다, 상대방의 진짜 마음을 듣고자 해요. '몸이 얼마나 힘드신지', '요가에 어떤 기대를 하시는지', '처음이라면 어떤 두려움이 있으신지'를 들으며 집중하다 보면, 어떤 수업을 추천해 드릴지, 어떤 방식으로 수련을 시작하면 좋을지 방향이 잡히더라고요.

예전에 상담 예약으로 오신 분이 계셨어요. 운동은 거의 처음이고 최근 허리 통증이 심하다고 하셨어요. 조심스럽게 "요가가 좋다고 해서 알아보러 왔는데, 아직 등록까지는 생각 안 했어요"라고 하시더라고요. 저는 "괜찮아요, 편하게 둘러보시고 궁금하신 점 말씀해 주세요"라며, 간단히 자세를 체크하고 수업 흐름이나 요가가 허리에 어떻게 도움이 될지 안내해 드렸어요. 상담이 끝날 때 "천천히 생각해 보시고, 괜찮으시면 다시 연락해 주세요"라고 인사드렸죠. 며칠 뒤 그분이 다시 오셔서 등록하셨고, 지금도 꾸준히 수련 중이세요. 나중에 하신 말씀이 기억나요. "처음엔 억지로 등록하게 될까 걱정했는데, 강요하지 않으셔서 신뢰가 갔어요."

가끔은 상담 중 바로 등록하지 않으셔도 괜찮다고 직접적으로 말씀드려요. 마음의 준비가 부족하거나 몸 상태가 좋지 않을 땐 무리해서 시작하기보다 시간을 두는 게 낫거든요. 이런 신중한 태도가 오히려 신뢰를 쌓고, 준비가 되셨을 때 다시 찾아오시는 경우가 많아요. 물론 혜택이나 할인을 먼저 물으시며 망설이는 분들도 계세요. 제 경험으로는 혜택으로 등록을 유도하면 출석률이 낮거나 금세 그만두시는 경우가 많더라고요. 단기 매출엔 도움이 될지 몰라도, 그만큼 에너지를 소모하고 요가원에 좋지 않은 기억을 남기게 된다면 장기적으로 옳지 않다고 생각해요. 잠깐의 숫자보다 좋은 인상과 지속성이 있는 것이 더 중요하죠.

제가 상담에서 지키는 원칙은 상대방이 준비되었는지 살피는 것이에요. 상담하러 오시는 분들은 몸의 불편함, 유연성 걱정, 나이, 처음이라는 부담감 등 많은 불안과 걱정을 안고 계세요. 요가는 억지로 시작되는 수련이 아니에요. 억지로 시작된 인연은 오래가지 않지만, 마음이 열릴 준비가 된 분은 꼭 다시 돌아오세요. 그때 중요한 건, 그분 마음속에 '여긴 나를 기다려주는 곳이었지'라는 기억이 남아 있는 거예요. 그래서 저는 등록보다 먼저 '좋은 기억'을 남기려 상담에 임해요. ==상담은 단순한 등록 유도가 아니라, 한 사람의 변화 시작을 지켜보는 소중한 첫 순간이에요. 그걸 잊지 않으려 해요.==

Q76. 수련 이후 아픈 회원은 어떻게 대처해야 할까요?

경험에 비춰봤을 때 수련 후에 아프시다는 분들은 대부분 회원님이 가지고 계신 문제나 질환을 알고 있지만, 말씀하지 않으셨던 부분이거나 최근 괜찮아졌던 질환이 다시 무리가 된 경우인 것 같아요. 몸은 마음과 연결되어 있어서, 스트레스를 많이 받는 시기엔 평소보다 긴장한 상태라 부상에 쉽게 노출될 수 있어요. 원인이 무엇이든 수련 후 불편함이나 통증을 느끼시는 회원님을 마주하는 건 원장으로서 가장 마음 쓰이는 일 중 하나예요. 우선 단순히 통증을 완화하는 걸 넘어, 회원님의 불안감을 해소하고 신뢰를 회복하는 게 중요하죠.

간혹 "오늘 컨디션이 좋지 않았는데 무리했나 봐요", "밥을 먹고 바로 와서 수련했더니 머리가 아파요"처럼 회원님 스스로 원인을 아시면 가볍게 해결할 수 있는데, 그렇지 않을 땐 차근히 살펴봐야 해요. 보통 약간의 불편함은 하루 이틀 뒤 사라지는 경우가 많아요. 하지만 통증이 심하시다면, 먼저 진심으로 이야기를 들어드리며 공감하는 자세로 놀란 마음을 진정시켜 드려요. 통증의 정도,

발생 시점, 어떤 동작에서 불편함을 느꼈는지 자세히 확인하고, 불안한 마음을 헤아려 따뜻하게 위로해 드려요. 통증 부위를 부드럽게 마사지하거나 따뜻한 찜질로 간단히 응급처치할 수 있지만, 수련 직후 강한 마사지는 오히려 통증을 악화시킬 수 있으니 조심해야 해요. 심한 통증이나 지속적인 불편함이 있다면 병원 진료를 권장해 드리고요.

그 상황에서 어느 정도 처치를 해드린 후엔, "많이 불편하시죠. 제가 함께 지켜보고 도와드릴게요", "다음 시간에 조금 일찍 오시면 다시 체크해 드릴게요"라고 말씀드리며 따로 살펴드리는 편이에요. 이후 뵐 때마다 괜찮으신지 확인해 보기도 하고요.

통증의 원인을 파악했다면 재발을 방지하는 게 중요하죠. 수련 중 잘못된 자세나 무리한 동작이 있었는지, 평소 지병이나 부상이 있었는지 확인하고, 앞으로 주의해야 할 점을 안내해 드려요. 체형이나 질환에 맞게 피해야 할 동작을 알려드리고, 평소 자세에 더 신경 써달라고 당부드리고 있어요.

수련과 관계없이 일상에서 다치신 경우, 홀딩을 요청하실 때가 있어요. 제 수준에서 해결할 수 있는 부상이고 통증이 심하지 않으시면 오래 쉬시는 대신 오히려 나오시라고 권해요. 제가 체크하며 원인을 찾아 풀어드리는 게 낫기 때문이죠. 한 번으로 해결되지 않더라도, 스스로 푸는 방법을 알려드려서 무조건 휴식하기보단 근본 원인을 찾아드리곤 해요. 자세 같은 근본 원인이 고쳐지지 않으면 결국 또 다치니까요.

한때는 무리가 될까 봐 원하시는 만큼 휴식 후 오시게 했는데, 통증이 완전히 나아지지 않은 채 유연성이 떨어지거나 근력이 저하되는 문제가 생기더라고요. 또는 근본 원인이 해결되지 않은 채 증상만 없어진 경우, 같은 원인으로 얼마 후 또 통증을 호소하시기도 하거든요.

또한 수련 후 통증으로 요가에 불안감을 느끼지 않도록 세심히 배려하는 게 중요해요. "앞으로 수련하실 때 불편한 동작은 말씀해 주세요. 회원님 몸 상태에 맞는 수련을 도와드릴게요", "혹시 불편한 점이나 궁금한 점이 있으시면 언제든 말씀해 주세요" 같은 멘트는 신뢰와 안정감을 줄 수 있어요. 더불어 이 내용을 강사님들과 공유해 수업 때 주의할 수 있도록 하는 게 중요해요. 요가원 원장으로서 회원님들이 즐겁게 수련하실 수 있게, 안타까운 상황이 생겼을 때 적극적으로 대처하고 세심한 배려로 안심하고 요가를 즐기실 수 있도록 돕는 게 필요하겠죠.

Q77. 특정 강사 수업에 출석률이 낮다면 어떻게 대처하는 게 좋을까요?

"제 수업에 무슨 문제가 있는 걸까요?"

"혹시 회원님들 중에 제 수업에 대한 피드백이 있었나요?"

요가원을 운영하다 보면 자연스럽게 마주하는 고민 중 하나가 특정 강사 수업의 출석률이 낮을 때예요. 강사님이 성실하게 수업을 준비하고, 진심으로 회원들을 대하고 있음에도 출석률이 저조하다면, 그냥 '우연히'로 넘길 수는 없는 문제죠. 이럴 때는 섬세한 관찰과 솔직한 소통이 필요해요.

==저는 출석률이 낮다고 해서 바로 조처하거나 서둘러 판단하지는 않습니다. 일시적인 상황일 수도 있어서, 처음에는 조용히 지켜보는 편이에요.== 괜히 섣불리 개입하면 강사님도 위축되고 혼란스러울 수 있거든요. 하지만 그 기간이 길어지고, 강사 본인도 스스로 문제를 느끼고 있다면, 그때는 조심스럽게 접근합니다.

가장 먼저 해야 할 일은 출석률이 낮은 정확한 이유를 파악하는 거예요. 시간대가 회원님들의 생활 패턴과 맞지 않아서일 수도 있고, 수업 구성이나 분위기가 기대와 달랐을 수도 있어요. 때로는 아주 작은 차이에서 원인이 생기기도 하죠. 이때 수업을 직접 참관하거나, 회원님들께 조심스럽게 의견을 물어보는 게 좋은 방법이에요. 운영자로서는 불편하게 들릴 수 있는 말도 경청하고 받아들일 여유가 필요하다고 생각해요.

이 과정을 통해 출석률이 낮은 이유가 강사의 티칭 방식인지, 커뮤니케이션이나 수업 분위기인지, 아니면 시간대나 계절적 요인인지 더 정확히 알 수 있어요. 저는 강사님께 상황을 충분히 설명드리고, 스스로 원인을 고민하며 변화할 시간을 주는 게 필요하다고 생각해요. '내가 열심히 했는데 왜 반응이 없을까'라는 성찰은 때론 다른 누구의 피드백보다 깊은 변화를 불러오더라고요. 물론 끝없이 기다릴 순 없지만, 진심으로 성장하려는 강사님이라면 이 과정을 통해 더 단단해질 수 있다고 믿어요.

그렇다고 모든 원인을 강사님께 돌리면 안 되죠. 오히려 운영자로서 우리가 할 수 있는 걸 함께 고민해야 해요. 예를 들어, 강사님께 필요한 교육을 연계해 줄 수도 있고, 수업 스타일을 다양하게 시도할 기회를 줄 수도 있죠. 저도 한 번은 강사님과 상의한 뒤 더 잘할 수 있는 수업으로 프로그램을 바꿔드린 적이 있는데, 그때 정말 자신감을 찾으시더라고요.

또 팀 안에서 수업을 모니터링하고 서로 피드백을 주고받는 시스템이 있다면, 출석률을 높이는 데 큰 도움이 될 거예요. 저희 요가원은 선생님들 사이에 자연스럽게 피드백을 주고받는 분위기가 자리 잡혀 있어요. 특히 처음 수업을 시작한 선생님이나 변화가 필요한 시기엔 동료에게 수업에 참여해달라고 부탁해 조언을 나누죠. 이 방식은 누군가를 평가하거나 비교하려는 게 아니라, 함께 성장하기 위한 과정이라는 걸 모두 알기에 부담 없이 받아들여요. 서로의 수업을 존중하며 열린 마음으로 의견을 나누다 보면, 강사님 한 분의 성장뿐 아니라 요가원 전체 수업의 퀄리티도 자연스럽게 높아지더라고요.

또 하나 중요한 건 강사와 운영자 간의 신뢰 관계예요. 강사님이 출석률 때문에 자존감이 떨어지거나 위축되지 않도록, 진심 어린 응원과 격려가 필요하죠. 수업 퀄리티는 강사님으로부터 비롯되기도 하니까요. 그 마음을 우리가 먼저 돌봐야 해요.

결국 출석률은 단순한 숫자가 아니라, 수업, 강사, 요가원 분위기, 회원들과의 관계가 유기적으로 작용한 결과예요. 어느 한쪽의 문제로 치부하지 않고, 전체적인 균형과 소통 속에서 해결점을 찾아가는 자세가 중요하다고 생각해요.

Q78. 요가가 늘지 않는다고 하소연하는 회원이 있다면 어떻게 해야 하나요?

"내가 이걸 몇 년을 했는데도 안 돼요", "오래 해도 효과가 없는 것 같아요" 간혹 이렇게 하소연하시는 회원님을 만나면, 저도 안타까운 마음이 들어요. 하지만 요가는 눈에 보이는 성과만을 위한 수련이 아니라는 걸 부드럽게 전달하며, 긍정적인 방향으로 이끌어 드리는 게 중요하죠.

오래 다니신 한 회원님이 계셨어요. 규칙적으로 열심히 수련에 나오셨는데, 본인이 기대한 효과를 느끼지 못하셨나 봐요. 제가 보기에는 요가를 통해서 체형과 자세가 좋아지고, 군살도 줄고 근력도 좋아졌지만 "수련한 기간에 비해 동작이 잘 안된다"고 불만이 있으셨어요. 그런데 이 회원님은 마음 깊은 곳에 '운동은 하기 싫어. 해야 하니까 억지로 하는 거야'라는 인식이 있으셨고, 그 마음을 자주 표현하셨어요. 이런 마음은 아무리 열심히 해도 효과를 덜 느끼게 하더라고요. 억지로 한다는 스트레스가 작용하는 거죠. 이런 생각의 변화를 이끄는 것은 정말 어려웠어요.

오랜 기간 많은 회원님들을 만나며 들었던 질문들에 제가 드렸던 답변을 공유해볼게요.

"선생님, 왜 아직도 이 동작이 안 될까요? 언젠가는 되는 거 맞아요?"

"회원님, 요가를 오래 하셨는데도 늘지 않는다고 느끼셔서 속상하시겠어요. 하지만 요가는 단순히 유연성이나 근력을 키우는 운동이 아니라, 몸과 마음의 조화를 이루고 내면의 평화를 찾아가는 여정이죠. 혹시 요가를 하면서 어떤 점이 가장 힘드신가요?"

이렇게 회원님의 이야기를 충분히 듣는 게 중요해요. 특정 동작이 어려운지, 아니면 마음의 변화를 느끼지 못하는지 파악하면 맞춤형 조언을 드릴 수 있거든요. 몸의 변화에 대한 인식을 전환해야 할 때 이렇게 말씀드려요.

"요가는 단기간에 큰 변화를 보여주는 수련이 아니에요. 꾸준히 하다 보면 어느 순간 몸의 변화를 느끼실 거예요. 지금 유연성이 덜 늘더라도, 몸의 균형이 좋아지거나 자세가 바르게 교정되는 등 긍정적인 변화가 이미 일어나고 있을 거예요."

마음의 변화에 집중이 필요할 때 이렇게 조언드리죠.

"요가는 몸뿐 아니라 마음에도 큰 영향을 미쳐요. 수련 중 욕심이나 비교하는 마음을 내려놓고 온전히 나에게 집중할 때 변화를 느낄 수 있어요. 중간중간 눈을 감고 호흡에 집중해 보세요. 요가를 통해 스트레스가 줄거나 마음이 편안해지는 걸 느끼셨나요? 요가는 동작을 따라 하는 것 이상으로, 자기 몸과 마음에 집중하는 시간이죠. 지금 이 순간, 몸이 어떤지 느껴보세요. 분명 몸이 행복해하고 있을 거예요. 그러면 마음도 따라갈 거예요."

수련 방식 점검이 필요할 땐 이렇게 제안해요.

"혹시 매번 같은 수업만 참여하고 계신가요? 다양한 요가 프로그램에 참여해 새로운 동작을 시도해 보는 것도 좋아요. 새로운 자극이 요가에 대한 흥미를 높여줄 거예요."

격려와 응원이 필요할 땐 이렇게 말해드리는 것 같아요.

"회원님은 충분히 잘하고 계세요. 요가를 꾸준히 해오신 것만으로도 대단한 거예요. 앞으로도 꾸준히 하시면 분명 좋은 변화를 느끼실 거예요. 저희가 항상 응원하고 있어요."

==요가는 경쟁이 아니라 자신과의 대화라는 걸 회원님께 상기시켜 드리는 게 중요해요.== 회원님이 요가를 통해 몸과 마음의 건강을 되찾고 행복한 삶을 살아가실 수 있도록 돕는 게 우리의 역할이죠.

Q79. 단체 레슨과 개인 레슨을 권하는 회원의 기준은 따로 있나요?

체형교정전문요가원으로서, 다양한 질환이 있는 분들, 다양한 연령대의 문의를 받고 있죠. 근골격계 질환이 있는 경우, 통증이 심하거나 수술 후 회복을 거친 뒤에는 병원에서도 운동을 권하는 경우가 많아요. 병원 치료만으로는 한계가 있다는 걸 느끼며, '운동으로 몸을 근본적으로 회복해 보자'는 마음을 갖게 되시는 거예요.

단체 레슨과 개인 레슨을 추천하는 기준은 통증의 정도와 수련 목적에 따라 달라져요. 우선 수술 후 재활이 필요한 분이나 일상생활이 어려울 정도로 통증이 심한 분이라면 개인 레슨을 먼저 권해드리는 게 안전해요. 통증 부위를 세심하게 살피고, 회복 속도에 맞춰 강도와 동작을 조절할 수 있거든요. 아무리 교정 중심의 그룹 수업이라도 여러 사람을 동시에 돌보다 보면 놓치는 부분이 생기기 마련이에요. 그 작은 차이가 통증을 악화시킬 수도 있죠.

또, 통증이 심하지 않더라도 더 정확한 수련을 원하시거나 회복 속도를 높이고 싶으신 경우라면 개인 레슨을 안내해 드릴 수 있어요. 체형 불균형이 심하거나 구조적인 문제를 가진 분에겐 맞춤형 분석과 수련이 훨씬 효과적이고요. 하지만 중요한 건, 회원님의 몸 상태에 꼭 맞는 방식으로 안내해 드리는 거예요.

무조건 개인 레슨을 권하지는 않아요. 가끔 "이분은 개인 레슨을 받으시면 정말 도움이 되실 텐데"라는 생각이 들어도 조심스러워요. 대신 시간을 내어 조용히 따로 자세를 봐 드리거나, 필요한 조언만 드리는 편이죠. 특히 요가가 처음인 분들은 "제가 단체 수업을 따라갈 수 있을까요?", "다른 분들에게 방해가 되진 않을까요?" 하고 걱정하시기도 해요. 그럴 땐 불편함이 크지 않다면, 강도가 낮은 수업부터 천천히 시작해 보시라고 안내해 드려요. 처음부터 완벽할 필요 없고, 몸이 변하는 데는 시간이 걸리니까요. 조급해하지 마시고, 천천히 익숙해지시길 응원해 드리죠.

물론 처음부터 개인 레슨을 원하시며 문의하시는 분들도 계세요. 통증이 심하거나, 혼자 하는 게 더 편하거나, 연령대가 높아서 단체 수업이 부담스러운 경우가 많죠. 이런 경우엔 충분한 상담을 거쳐 맞춤형 레슨으로 진행해요. 다만 개인 레슨은 장기간 꾸준히 하기엔 비용이나 시간의 부담이 따르기도 하고, 동기부여나 새로운 자극이 필요할 수 있어요. 어느 정도 회복이 되고, 스스로 움직이는 방법을 익히신 후엔 단체 수업에 자연스럽게 합류하실 수 있도록 추천해 드리기도 하죠.

요가 초보자이시거나 운동 경험이 부족한 분들이 과거 경험을 이야기하시며 걱정하시는 때도 있어요. 그 경험이 단체 수업에서도 반복될 것 같으면, 초반 몇 회라도 개인 레슨을 통해 기초를 다지고 남과 비교하지 않는 연습을 할 수 있도록 권해드려요. 그 시간이 요가에 대한 두려움을 없애는 데 큰 도움이 되거든요.

반면, 단순히 "요가가 처음이라서 걱정돼요"라는 이유만으로는 개인 레슨을 먼저 권하지 않아요. 통증이나 불편함이 없다면, 단체 수업 속에서 천천히 적응해 나가는 것도 충분히 좋은 방법이죠.

요가는 누구에게나 열려있지만, 모두가 같은 방식으로 수련할 필요는 없어요. 자기 몸과 상황을 잘 이해하고, 그에 맞는 방법을 선택할 수 있도록 안내하는 게 정말 중요해요. ==요가원 창업을 계획하신다면 무엇을 가르칠 것인가보다 회원의 말을 먼저 어떻게 들어줄 것인가를 고민해 보세요.== 회원님 한 분 한 분의 몸과 마음을 잘 살피고, 그분에게 맞는 길을 함께 찾아가는 게 우리의 역할이에요.

Q80. 등록 이벤트를 주기적으로 해야 하나요?

등록이 뜸한 달이 오면 "할인 이벤트를 해야 하나?", "새 이벤트를 계속 만들어야 하나?" 같은 생각이 꼬리를 물죠. 이런 고민이 들 때마다 스스로에게 물어보세요.

"이 이벤트는 정말 필요한 걸까? 그냥 불안을 덮으려는 건 아닐까?"

마음에서 솔직한 대답이 나오면, 그 이벤트는 분명 의미 있는 선택이 될 거예요. 할인이나 추천 같은 이벤트는 요가원 운영에 꼭 필요해요. 잘 맞춘 이벤트는 망설이는 분들에게 문을 열어주고, 꾸준히 다니는 회원들에겐 수련을 이어갈 동기를 줘요. 예를 들어, 새해에 '몸과 마음 새로 시작하기' 같은 이벤트를 열면 새 회원들이 목표를 세우며 찾아오곤 하죠. 하지만 너무 자주 하면 믿음이 흔들릴 수 있어요. 신규 회원만 혜택을 받는 이벤트가 반복되면, 오랜 회원들이 "왜 새 사람만 챙길까?"라며 서운해할 수 있어요. 충성스러운 회원들이 불공평하다고 느끼면 관계가 흔들리기 쉬워요. 게다가 이벤트에만 반응하는 회원들이 늘면, 요가가 '할인할 때 오는 운동'

처럼 보일 위험도 있죠. 요가는 꾸준함이 생명인데, 반짝 등록에 의존하면 수련의 흐름도, 운영도 불안정해지더라고요.

저도 등록이 줄 때마다 '이번 달에 이벤트 하나 해볼까?' 하는 유혹에 시달렸어요. 한 번은 할인 이벤트를 열었는데, 신규 회원의 등록이 증가했지만, 기존 회원 몇 분이 서운함을 내비쳤어요. 그때 깨달았죠. 이벤트는 잠깐의 물결일 뿐, 진심으로 회원을 맞이하는 게 더 큰 변화를 만든다는 걸요. 예를 들어, 구청과 연계한 수업을 열었을 때, 할인 없이도 많은 분이 등록하며 지역 커뮤니티에서의 연결이 깊어졌어요. 그 수업에서 나눈 대화, 손으로 쓴 감사 편지가 더 큰 울림을 주더라고요.

그래서 **저는 이벤트를 주기적으로 하지 않아요. 대신 요가원의 가치를 담아, 꼭 필요한 때에만 열어요.** 뭔가 특별한 날에 메시지로 이벤트를 꾸리거나, 오픈 기념일엔 기존 회원들에게 감사 인사를 전하는 자리를 마련하죠. 예를 들면 지역 시니어센터와 연계한 무료 요가 체험은 어르신들께 큰 호응을 얻기 좋아요. 이벤트는 불안이 아니라 진심에서 시작해야 해요. '이곳에서 이런 기운을 나눌 수 있어요'라는 마음을 전하는 방식으로요.

또한 이벤트를 기획할 땐 기존 회원들에게 더 큰 혜택을 주려 해요. 예를 들어, 기존 회원들에게 추가 기간을 준다던가, 추천 이벤트로 친구를 데려오면 둘 다 혜택을 받게 하죠. 함께해 준 분들과의 믿음이 더 귀하니까요. 이벤트를 준비할 때 회원들에게 "어떤 수업을 원하세요?" 같은 설문을 던지면 참여도 높아지고, 그들의 필요를 반영할 수 있어요.

    이벤트는 요가원을 더 빛나게 할 수 있어요. 하지만 이벤트 없이도 회원과 마음으로 연결되는 공간, 그게 가장 멋진 요가원이죠.

 **Q81. 요가원을 운영할 때 제일 중요하다고 생각되는 점은 무엇인가요?**

"신뢰는 요가원의 가장 단단한 뿌리예요."

요가원은 단순히 운동하는 곳이 아니에요. 마음을 열고 자신을 맡길 수 있는 공간이죠. 회원님들은 수업료를 내고 수련하러 오는 게 아니라, '여기라면 나를 믿고 맡겨도 괜찮겠구나' 하는 믿음으로 찾아오시는 거예요. 그래서 요가원 운영에서 가장 소중한 건 신뢰라고 믿어요.

신뢰는 아주 작은 순간들에서 싹트죠. 가령, 처음 오신 회원님의 이름을 기억해 불러드리는 것, 몸 상태를 떠올리며 "요즘 어깨 좀 나아지셨어요?" 하고 먼저 물어보는 것, 갑작스레 수업에 빠지시면 "많이 바쁘셨나요? 무슨 일이 있으신 건 아닌 거죠?" 하고 안부 문자 한 통 보내는 것. 이런 사소한 배려들이 쌓여, "이 요가원은 나를 진심으로 챙겨주는 곳"이라는 느낌을 주죠.

그런데 신뢰는 꾸준함에서 자라요. 요가원을 운영하다 보면 주변 변화에 흔들릴 때가 있어요. 새로 생긴 요가원의 인테리어가 더 멋져 보이거나, SNS에서 화려한 콘텐츠를 보면 잠깐 마음이 흔들릴 수도 있죠. 하지만 경험을 통해 한 가지를 깨달았어요. 회원님들은 결국 '늘 한결같은 꾸준한 공간'을 선택한다는 거예요.

수업 스타일이 자꾸 바뀌거나, 운영 방식이 들쭉날쭉하거나, 운영자의 태도가 오락가락하면 그 마음이 흐려져요. 이 모든 게 꾸준히 이어져야 신뢰가 단단해지죠. '여기는 언제나 나를 위해 집중해 주는 곳'이라는 믿음을 심어주는 게 운영자의 역할이에요.

신뢰는 말보다 일관성에서 나와요. 한 번 멋지게 해주는 것보다, 언제나 변함없는 태도가 훨씬 더 깊은 믿음을 주죠. 요가는 몸을 움직이는 수련이지만, 결국 마음과 연결된 여정이거든요. 그래서 요가원 운영에선 프로그램의 퀄리티도 중요하지만, 진심과 신뢰가 더 큰 기준이 되어야 한다고 느껴요.

빠르게 변해가는 세상에서 아이러니하게도 사람들은 '여기 있으면 마음이 편안해'라거나 이 공간에서 나를 환영해 주는구나! 하는 변하지 않는 감정을 기억해요. 그래서 ==요가원을 운영하며 가장 소중한 건, '이곳은 나를 믿고 맡겨도 되는 공간'이라는 마음을 회원님들께 심어주는 거예요.==

그 신뢰는 하루 만에 생기지 않아요. 하지만 한 번 뿌리내리면 어떤 마케팅보다 오래가고, 가장 깊은 연결을 만들어줘요. 그 믿음을 지키는 게 요가원의 뿌리를 단단히 하는 길이라고 확신해요.

Q82. 요가 산업 변화와 트렌드를 따르는 것이 좋을까요?

"요즘엔 어떤 요가가 유행이에요?"

누군가는 저에게 이렇게 물어요. 이럴 때 선뜻 답변이 나오지 않거나, 어떤 방향으로 답해야 할지 모를 때가 있죠. 요가는 유행을 타는 수련이나 운동이라고 할 수 없어요.

분명 요가 산업은 빠르게 변화하고 있죠. 웰니스, 테라피와 결합된 요가, 플로우가 강조된 감각적 요가, 다양한 도구를 사용하는 요가, 필라테스나 유산소 운동과 섞인 하이브리드 수업까지 다양해요. 소셜미디어에 늘 새로운 스타일이 등장하고, 콘텐츠도 하루가 다르게 바뀌죠.

하지만 언제부턴가 이런 질문을 받을 때마다 '모든 변화에 반응해야 할까?' 스스로 되묻곤 해요. 제가 운영하는 요가원에는 수년째 꾸준히 다니시는 분들이 많아요. 그분들의 수련 목적은 분명해요. 멋진 포즈를 완성하기 위해서라기보다는, 자기 몸을 더 정확히 느끼고, 불편한 부분을 회복하고 싶어서 오시는 거죠.

그래서 다양한 프로그램을 시도하거나, 최신 요가 트렌드를 좇아 자주 수업을 바꾸는 것보다, 신뢰할 수 있고 안정적인 수련 환경을 제공하는 게 훨씬 더 중요하다고 느껴요. 저는 '체형 교정'과 '재활 요가'라는 주제 안에서, 회원님들이 익숙한 흐름 속에서도 새로운 자극과 깊이를 경험할 수 있도록 늘 고민하고 있죠.

하지만 그렇다고 해서 요가 트렌드를 완전히 무시하거나 변화가 필요 없다는 건 아니에요. 새로운 흐름과 방식에 귀 기울이고, 수련이 정체되어 있다고 느껴질 때, 혹은 회원님들의 몸과 생활이 달라지고 있다는 신호를 받을 때는 저도 흐름을 바꿔야겠다고 결심해요. 예를 들어 계절 변화나 연령대별 요구에 따라 수업의 강도나 방향을 미세하게 조정하기도 하고, 새로운 접근 방식이나 보조 도구를 도입해 보기도 하죠. 중요한 건 그 변화가 수련의 본질과 회원들과의 신뢰를 해치지 않도록, 섬세하게 이뤄져야 한다는 거예요.

익숙한 공간에서 낯선 언어를 만나거나, 수업의 전체적인 방향성이 갑자기 달라졌을 때 회원님들은 매우 낯설어하시고 수련 목적에 대한 혼란이 오시는 것 같더라고요. 변화가 필요하다면 그건 '방향의 변화'가 아니라 '깊이의 확장'이어야 한다고 생각해요.

요가는 본래 유행을 따르기보다, 몸과 마음을 느끼고 나를 알아가는 수련이에요. 그 여정은 빠르게 바뀌지 않지만, 정체되어도 안 되는 길이죠. 그래서 ==저는 오늘도 우리 요가원이 오래된 친구처럼, 익숙한 쉼터처럼 느껴지길 바라요. 그리고 그 안에서 작은 새로움을 발견하며 자신을 더 잘 돌보실 수 있기를요.==

Q83. 요가 수업할 때 특별히 중점을 둬야 하는 것이 있다면 무엇인가요?

제가 요가원을 운영하면서 수업 중 가장 중요하게 생각하는 건 바로 '정성'이에요. 요가원이라는 공간은 단순히 요가를 가르치는 곳을 넘어, 회원 한 분 한 분의 삶에 따뜻한 위로와 긍정적인 에너지를 전하는 곳이라고 생각해요. 그래서 수업할 때 이 '정성'이 전달되길 바라며 신경 쓰는 몇 가지가 있어요.

첫 번째 중요한 가치는 '소통'이에요. 소통은 회원님들과 신뢰를 쌓고, 수업 분위기를 긍정적으로 만들어주는 데 꼭 필요한 요소예요. 수업 전에는 오늘의 컨디션이나 불편한 곳이 있는지 간단히 나누고, 그에 따라 무리가 가지 않도록 수업을 조율하기도 해요. 어떤 회원님에겐 수업의 방향성을 조금 바꿔 더 깊은 소통을 이어가기도 하고요. 수업 후에도 가능한 한 경험을 나누며 피드백을 주고받고, 궁금한 점을 풀어드리며 쌍방향 소통을 지향해요. 이런 과정을 통해 처음엔 요가원에 적응이 어려웠던 분들도 점차 편안함을 느끼고 수련을 이어가죠.

장기 회원님들의 경우, 수련을 쉬기보다 오히려 요가원에 와서 불편한 점을 이야기하시고, 저희는 그에 맞는 회복 중심의 동작을 제안하곤 해요. 그리고 다음에 다시 오셨을 때, 되도록 그 부분을 기억해 두었다가 안부를 물어요. "무릎은 좀 괜찮으셨어요?", "지난번 어깨가 아프셨다고 했는데 오늘은 어떠세요?" 같은 작은 기억이 회원님들께 큰 감동이 되기도 하니까요.

또 한 가지, 제가 자주 듣는 말 중 하나가 "전 몸이 너무 뻣뻣해서 요가는 안 맞는 것 같아요"예요. 하지만 사실 이런 분들일수록 요가가 꼭 필요하다는 걸 알려드리고 싶어요. 관절의 가동 범위를 넓히고, 부상 위험을 줄이기 위해서라도 오히려 요가와 친해지셔야 하거든요. 유연성 부족으로 요가를 포기하셨던 분들이 다시 수련을 시작할 때, '비교하지 않는 분위기'를 만드는 걸 가장 중요하게 생각해요. 초보자분들이 낙오감을 느끼지 않도록, 안정적이고 따뜻한 수련 환경을 조성하고, 작은 발전에도 아낌없는 칭찬과 격려로 스스로 변화하고 있다는 자긍심을 느낄 수 있도록 이끌어요.

"끈기가 없어요"라고 말씀하셨던 분들이 "이렇게 한 운동을 오래 해본 적이 없어요"라고 하실 때마다, 요가가 한 사람의 삶에 어떻게 자리 잡는지 느끼며 큰 보람을 얻죠. 그래서 제가 가장 많이 나누는 말이 있어요. "다른 사람과 비교하지 말고 어제의 나와 비교하세요."

두 번째는 '안전'이에요. 요가는 몸을 돌보는 시간이지만, 잘못된 자세는 오히려 해가 될 수 있기에 수업 중엔 항상 주의 깊게 살펴보고 안내해요. 각 자세에서의 주의 사항을 반복적으로 알려드리고, 필요할 경우 보조 도구를 활용해 몸에 무리가 가지 않도록 돕죠. 모든 분이 자신의 속도에 맞춰 안전하고 편안하게 수련할 수 있도록 집중을 놓치지 않으려 해요.

또 한 가지, 제가 중요하게 생각하는 건 수련 환경이에요. 사소하게 느껴질 수 있지만, 그 작은 차이가 수련의 몰입도와 집중력에 큰 영향을 주거든요. 그래서 수업 전후로는 청결과 환기에 신경 쓰고, 수업 중에도 공기의 흐름이나 답답함이 없도록 늘 점검해요. 이 공간이 단순히 머물다 가는 곳이 아니라, 깊이 호흡하고 온전히 나에게 집중하는 시간이 되길 바라는 마음으로요.

Q84. 어떤 사람에게 요가를 권하고 싶으신지요?

"수험생 엄마는 자기 시간을 다 내려놔야 할까?"

이 질문에 대한 제 생각을 완전히 바꾼 순간이 있었어요. 몇 년 전, 요가원에 꾸준히 다니시던 회원님과 나눈 대화에서 그분 자녀가 그해 수능을 봤다는 걸 알게 됐죠. 깜짝 놀랐어요. 보통 수험생 부모님들은 수련을 쉬거나 불규칙하게 오시는 경우가 많았거든요. 제 머릿속엔 '수험생 자녀를 둔 부모는 삶을 잠시 멈추는 시기'라는 그림이 있었는데, 그분은 바쁜 와중에도 꾸준히 요가를 하셨죠.

궁금해서 여쭸더니, 요가가 있었기에 수험생 부모로 버틸 수 있었다고 하셨어요. 마음이 흔들릴 때 매트 위에서 자신을 다잡는 시간이 큰 힘이 됐다며 수험생 부모님들께 요가를 꼭 권하고 싶다고 힘주어 말씀하시더라고요. 또 다른 학부모 회원님은 요가를 통해 감정을 다스리기가 훨씬 쉬워졌고, 자녀에게 지나치게 몰두하지 않으면서도 더 따뜻하게 응원할 수 있었다고 하셨어요. 수험생 부모일수록 '나를 돌보는 시간'이 얼마나 소중한지, 몸소 보여주신 분들이었죠.

요가는 수험생 본인에게도 큰 도움이 돼요. 한 수험생 회원은 수능 하루 전까지 요가하러 와서 마음을 되찾곤 했어요. 원하는 대학에 합격한 뒤 "요가가 큰 힘이 됐어요"라고 말해줘서 정말 뿌듯했죠. 그래서 수험생과 그 부모님들께 요가를 꼭 추천해 드려요. 잠깐의 숨 고르기가 가족 모두의 리듬을 지켜주는 힘이 될 거예요.

또 하나, 임신을 준비하거나 임신 중인 여성분들께도 요가를 권하고 싶어요. 출산 후에 요가를 시작하는 분들이 많지만, 사실 임신 준비부터 지속해서 하는 편이 더 좋아요. 꾸준히 요가를 해오신 분들은 임신과 출산의 시간을 안정적으로 보내고, 출산 후 회복도 빠르고 감정 균형도 잘 잡히더라고요. 임신 전 요가는 건강한 임신을 위한 든든한 발판이 돼요. 임신 후 시작해도 늦지 않지만, 미리 경험해 보시면 더 큰 자신감을 얻을 수 있을 거예요.

마지막으로 남성분들에게 강력하게 추천하고 싶습니다. 요즘은 남성분들에게도 요가가 많이 익숙해졌어요. 예전엔 '요가는 여성 운동'이라는 편견이 있었지만, 이제는 일상에서 편안함을 찾는 남성 회원님들이 많아요. 저희 요가원에는 남성분들이 꽤 꾸준히 다니시는데요. 유연성을 키우고, 자세를 바로잡고, 스트레스를 건강하게 푸는 데 요가만큼 좋은 게 드물어요. 감정을 다루는 데 익숙하지 않은 분들일수록, 요가로 내면의 평온함을 찾는 게 큰 도움이 되더라고요.

요가는 그냥 운동이 아니에요. 누군가에겐 하루의 무거움을

내려놓는 숨 한 모금이고, 누군가에겐 삶의 균형을 잡는 출발점이에요. 수험생이든, 부모님이든, 임신을 준비하는 여성이든, 남성이든, 요가는 누구에게나 열려있죠. 당신이 누구든, 어떤 시기를 지나고 있든 요가는 분명 도움이 될 거예요.

Q85. 지인, 가족 등이 등록을 원할 경우 어떻게 설명드려야 좋나요?

가끔 친구나 가족이 요가원에 등록하고 싶다고 할 때가 있죠. 그럴 때 솔직히 "그냥 와서 편하게 수련해"라고 말하고 싶은 마음이 커요. 특히 가까운 친구나 가족이라면 더 그렇죠. 돈을 받기가 미안하고, 도와주고 싶은 마음, 같이 요가하며 좋은 시간을 보내고 싶은 바람이 담겨 있거든요. 하지만 장기적으로 보면 이게 서로에게 좋지 않을 수 있다는 걸 경험으로 알게 됐어요.

오래전 정말 친한 친구가 요가를 배우고 싶다고 했어요. 워낙 친한 사이라 그냥 편하게 와서 운동하라고 했죠. 처음엔 친구도 저도 요가를 함께할 수 있어서 너무 좋았어요. 그런데 시간이 지나면서 상황이 조금씩 달라졌어요. 친구로선 수업료를 내지 않으니까 점점 마음이 느슨해지고, 꾸준함이 떨어지더라고요. 수업에 사람이 많을 땐 친구가 괜히 눈치 보며 자리를 양보하는 때도 생겼어요. 저도 친구니까 더 잘 챙겨야 할 것 같은 부담이 생기고요. 처음엔 좋은 마음으로 시작한 일이었지만, 오히려 요가의 즐거움이나 수련의 깊이를 느끼기 어려운 상황이 됐어요.

==비슷한 경험을 몇 번 하다 보니 그 이후로는 원칙을 정했어요. 친구나 지인이 등록하고 싶어 하면, 무료 체험 기회를 주거나, 처음 몇 회는 무료로 제공한 뒤 할인된 가격으로 등록을 권해요.== 저는 보통 20~30% 할인을 적용했고, 친구의 소개로 오시는 경우엔 5~10% 할인을 해드렸어요. 이 방식은 서로 좋은 관계를 유지하면서도, 지인이 눈치 보지 않고 적극적으로 수련에 임할 수 있게 했고, 저도 좋은 경험을 나눌 수 있어 보람을 느꼈어요.

요가원도 하나의 사업을 하는 공간이고, 원칙이 있어야 모두가 편안하게 수련할 수 있어요. 요가원 창업 초기엔 회원 수 확보가 중요하니까, 지인을 통한 입소문이 큰 도움이 될 수 있어요. 이때 무료 체험이나 파격적인 할인도 괜찮다고 생각해요. 하지만 회원 수가 안정되면, 그에 맞는 할인 기준을 두는 게 필요해요. 그래야 나중에 서로 부담 없이 좋은 관계를 유지할 수 있죠.

물론 부모님처럼 정말 가까운 가족이라면 무료 수련을 제공하겠죠. 하지만 친구나 지인의 경우엔 소정의 수강료라도 받는 게, 수련에 대한 동기부여가 되고 책임감 있게 참여하더라고요. 무엇보다 중요한 건, 서로 부담을 주지 않으면서 좋은 관계를 유지하는 선에서 합리적인 결정을 내리는 거예요. 할인율이 너무 높으면 요가원의 가치를 떨어뜨릴 수 있고, 너무 적으면 그 관계가 부담스러울 수 있으니까요.

요가원은 단순히 운동하는 곳이 아니라, 사람과 사람이 만나는 공간이잖아요. 가까운 사람과 함께 내 공간에서 요가를 나눌 수 있다는 건 정말 소중한 일이에요. 하지만 그 안에서 적당한 원칙과 배려가 있어야, 관계도 오래가고 수련도 깊어질 수 있다고 생각해요.

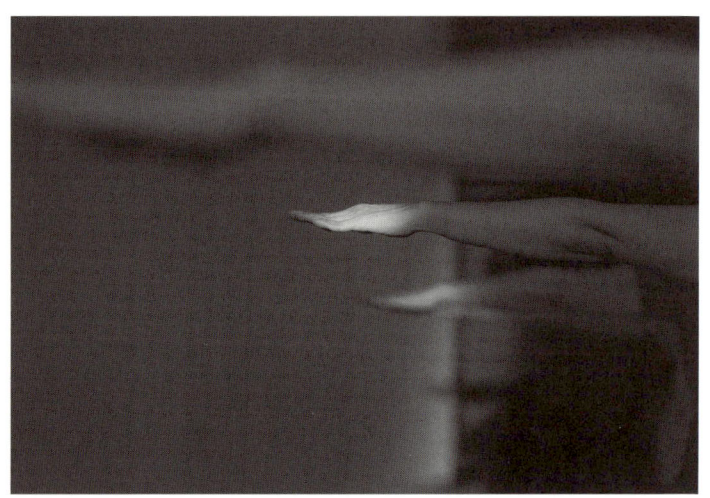

Q86. 요가원을 다시 차린다면 이것만은 꼭 염두에 두고 싶다 하는 것이 있나요?

지금 운영 중인 요가원은 비교적 작은 규모예요. 수업하기엔 충분하지만, 운영 면에선 아쉬운 점들이 있어요. 그래서 요가원을 다시 연다면 꼭 염두에 두고 싶은 몇 가지가 있죠. 처음엔 수업에만 집중했는데, 시간이 지나면서 '함께 있는 사람들 간의 유대감'이 공간의 온도를 결정한다는 걸 알게 됐어요. 요가원은 단순히 수련하는 곳이 아니라, 사람들이 연결되고 머물고 싶은 공간이어야 해요.

첫 번째로 회원님들을 위한 더 여유로운 공간과 서비스를 보완하고 싶어요. 단순한 회원 관리가 아니라 커뮤니티로 성장할 수 있도록 프로그램이나 이벤트를 열어보고 싶어요. 예를 들어, 계절별 소규모 워크숍이나 동네 마켓 참여 같은 거요. 그런 경험들이 쌓이면, 요가원이 운동하러 가는 곳이 아니라 내가 속한 따뜻한 공간으로 느껴질 거예요.

두 번째는 선생님들을 위한 휴식 공간이에요. 요가 수업은 에너지 소모가 크고, 늘 밝은 모습으로 회원을 맞이해야 하다 보니, 사이사이에 쉼이 정말 중요하더라고요. 따뜻한 차 한 잔 마시며 쉴 수 있는 별도의 공간이 있다면, 선생님들도 더 건강한 상태로 수업을 이어갈 수 있을 거예요. 그 휴식이 팀워크와 요가원 분위기에도 좋은 영향을 주겠죠.

세 번째는 운영자의 삶의 밸런스를 지키는 시스템이에요. 요가원은 내 공간이지만, 내가 너무 소모되는 구조라면 지속 가능하지 않더라고요. 초반엔 하루도 쉬지 않고 수업을 많이 했는데, 그러다 보니 몸도 마음도 지쳤어요. 다음엔 운영자도 삶을 누릴 수 있는 시간표를 짜볼 거예요. 예를 들어, 요일별 수업 밀도를 조절하거나, 분기별 휴무 주를 운영하는 식으로요. 운영자가 탈진하지 않아야 그 에너지가 공간에 흐르니까요.

네 번째는 원장만의 작업 공간이에요. 요가원 운영은 수업뿐 아니라 예약 관리, 회원 응대, 콘텐츠 기획, SNS 운영, 행정 업무까지 여러 역할을 요구하죠. 특히 외부 강의나 교육 자료 작업처럼 몰입해야 하는 일이 많아, 짧은 시간이라도 분리된 공간이 필요하더라고요. 수업 후 데스크 한쪽에서 이걸 처리하려니 집중도 어렵고 효율도 떨어져요. 수업 공간과 분리된 조용한 작업실이 있다면, 콘텐츠 기획이나 내 루틴을 정리하는 데 큰 도움이 될 것 같아요. 이건 공간적 여유가 있어야 가능한 꿈이긴 하지만요.

마지막으로, 운영과 수납을 위한 별도의 관리 공간이 부족한 게 아쉬워요. 요가원엔 블록, 스트랩, 매트, 청소 도구, 수건, 아로마 제품, 문서, 비품 등 자잘한 물건들이 많아요. 공간이 부족하면 이걸 수업 공간에 억지로 정리하게 되고, 분위기를 해치죠. 수납 전용 공간이나 작은 창고가 있다면, 전체 공간이 깔끔해지고 사용성도 좋아질 거예요.

요가원 운영을 오래 하신 분들이 요가원을 다시 차린다면 꼭 챙기고 싶다고 하는 것 중 하나가 공간의 구성이더라고요. 지금의 경험에서 나온 고민이니, 다음에 공간을 꾸린다면 더 섬세하고 효율적인 요가원이 될 것 같아요. 중요한 건 단순히 인테리어의 예쁨이 아니라, 그 공간에서 일하는 사람의 지속 가능성과 함께 머무는 이들의 편안함을 배려하는 거예요. 한 자리에 정착하며 얻는 안정감도 소중하지만, 나의 리듬을 잃지 않는 게 정말 중요하죠. 그걸 지켜주는 건 결국 '공간의 힘'이에요.

다시 요가원을 시작한다면, 수업만을 위한 곳이 아니라, 나와 팀, 회원 모두가 '건강하게 숨 쉴 수 있는 공간'을 만들고 싶어요. 운영자의 마음과 호흡까지 고려한 구조, 그게 좋은 요가 공간의 출발점 아닐까 싶어요.

Q87. 세금 관리는 어떻게 하나요?

요가원을 운영하면서 세금 문제 때문에 머리가 지끈거린 적이 한두 번이 아니에요. 사업 초기엔 간이과세자로 시작했는데, 그때는 부가세 신고를 1년에 한 번만 하면 돼서 부담이 적었죠. 그런데 사업 규모가 커지면서 일반과세자로 바뀌니까, 세금계산서 발급도 해야 하고, 부가세 신고도 1년에 두 번씩 해야 하니 여간 번거로운 게 아니더라고요.

특히 부가세 납부할 때, 그 큰돈이 한꺼번에 빠져나가는 걸 보면 괜히 생돈 나가는 것 같아 마음이 불편했어요. 그러다 부가세는 우리가 수강료를 받을 때 이미 포함된 돈이라는 걸 알게 되고 미리 받은 돈을 낸다고 생각하니 마음이 좀 편해지더라고요. 그래서 매입이 발생할 때마다 부가세 10%를 따로 모아두기 시작했어요. 그때부터 예상 부가세를 매달 따로 관리하는 습관을 들였죠.

사업소득세는 1년에 한 번 종합소득세 신고 기간에 신고하면 되는데, 사업 관련 비용, 예를 들어 임대료, 인건비, 광고비 같은 것들은 필요경비로 인정받아 소득세 계산할 때 공제받을 수 있다는 걸 알게 됐어요. 하지만 이건 장부를 꼼꼼히 작성해야 하더라고요. 수입과 지출 내용을 빠짐없이 기록하고, 관련 증빙 자료도 잘 보관해야 해요. 이를 위해 세금 관련 교육을 듣고 기본 지식을 쌓는 것도 큰 도움이 됐죠.

요가원 같은 소규모 사업자는 간이과세자일 때 연 매출 8,000만 원 미만이라면 부가세를 10%가 아닌 단순 계산 방식(업종별 부가가치율 적용)으로 신고할 수 있어요. 예를 들어, 요가원은 부가가치율이 보통 20~30% 정도로 적용되니 실제 납부 부가세가 줄어들 수 있죠. 일반과세자로 전환되면 매입세액공제도 중요해요. 수업 용품, 전기요금, 임대료 등 사업 관련 매입에서 발생한 부가세를 공제받을 수 있으니, 세금계산서나 영수증을 반드시 챙겨야 해요. 또, 요가 강사 인건비는 3.3% 원천징수(근로소득)나 사업소득(프리랜서)으로 처리되는데, 이걸 정확히 구분하지 않으면 나중에 세무조사에서 문제가 될 수 있으니, 세무사와 상의하는 게 좋아요. 예를 들어, 정규 강사는 근로소득으로, 외부 강사는 사업소득으로 처리하는 식으로요.

사실 운영, 수업, 교육도 해야 하다 보니 세금 관련 지식이 부족하면 직접 관리하기 쉽지 않아요. 그래서 저는 지금은 세무사님 도움을 받고 있어요. 처음엔 비용 때문에 일부만 맡겼는데, 요즘은 기장부터 모든 신고를 다 맡기고 있죠. 인건비 신고 같은 복잡한 업무가 많아져서 직접 하기가 너무 힘들더라고요. 다만 기본적인 지식은 꼭 알아야 해요.

　　연간 매출액이 일정 이상이거나 사업 확장을 위해 법인으로 전환하는 원장님들도 봤어요. 매출액이 큰 경우에는 법인은 소득세율이 낮아 세금 부담을 줄일 수 있는 장점이 있지만, 회계처리와 세무관리, 자금 사용 등에서 제한과 복잡한 절차가 있을 수 있어요. 사업 규모, 업종, 미래 성장 가능성 등을 따져봐야 하죠. 소규모 사업장엔 개인사업자가 적합하지만, 투자 유치나 사업 확장을 목표로 한다면 법인 전환도 고려해 볼 만해요.

　　재무 관리는 요가원 운영의 핵심이에요. 수입과 지출을 명확히 기록하고, 정기적으로 재무 상태를 분석하는 건 기본이죠. 마케팅 비용도 효율적으로 관리해야 하고, 예상치 못한 상황에 대비해 비상 자금도 마련해 둬야 해요. 요가원을 이전하거나 갑자기 돈이 필요할 때를 대비해서요. 그런데 물가가 계속 오르니까 비상 자금을 꾸준히 모아야 하는 상황이에요. 요가원을 운영하면서 세금 문제는 정말 끊임없이 신경 써야 하는 부분이에요. 꼼꼼히 준비하고 관리해서 안정적인 요가원 운영을 이루시길 바랄게요.

Q88. 유지하고 싶은 신념이 있다면?

요가원을 운영하는 많은 원장님들이 요가를 정말 사랑하시는데요. 저에게도 요가는 단순한 직업이 아니라, 삶의 중심이자 평생 함께할 수련이며, 일상에서 늘 되새겨야 할 지혜라고 생각해요. 요가를 처음 시작했을 때, 단순히 몸이 유연해지는 것 이상의 내적인 평온함과 자기 성찰의 시간을 경험했어요. 시간이 흐를수록 요가는 저를 붙잡아주는 삶의 기준이자 방향이 되었고, 그래서 지금까지 다른 직업을 고민해 본 적이 없어요.

물론 현실적인 어려움이 없었던 건 아니에요. 운영 초기엔 회원이 많지 않아 불안을 느꼈고, 시간과 체력을 모두 쏟아붓는 날이 많았어요. 회원분들께 쉼을 드리며 정작 제 몸은 챙기지 못해 힘들 때, '이렇게 하는 게 맞나' 싶은 순간도 있었죠. 하지만 그 와중에도 회원분들이 "요가 덕분에 통증이 없어졌어요", "몸도 마음도 훨씬 가벼워졌어요"라고 말해주셨을 때, 그 모든 피로가 보람으로 바뀌더라고요. 저는 이 감정을 믿고 지금까지 걸어왔어요.

요가원을 운영하면서 가장 지키고 싶은 신념은, 요가의 본질을 잃지 않는 거예요. 빠르게 돌아가는 세상 속에서 요가도 상업적으로 흐르기 쉬워요. 예쁜 공간, 화려한 수업명이 넘쳐나지만, 그 속에 요가 본래의 철학이 담겨 있는지는 늘 의문이 생기죠. 저 역시 초창기엔 경쟁력 있는 요가원이 되기 위해 할인 이벤트나 트렌디한 프로그램에 마음이 흔들린 적도 있었지만, 시간이 지나면서 '내가 왜 요가를 시작했는가'를 계속 되새기게 됐어요.

요가원 운영을 오래 하다 보니 종종 "왜 2호점을 내지 않느냐"는 질문을 받습니다. 제 주위에는 2호점은 물론, 4호점까지 운영하시는 대단한 원장님들이 계세요. 저도 2호점 생각을 해보지 않은 건 아니고, 기회도 몇 번 있었어요. 하지만 여러 과정을 거치며 제 역량으로는 두 곳 이상을 운영하는 것은 불가능하다는 걸 깨달았어요. 저는 한 공간에 온전히 마음을 담아 운영하는 게 제 성향에 더 맞고, 충분하다고 느껴요. 그래서 규모의 확장보다는 이 공간에서 회원들과 깊이 있는 수련을 나누고, 한 사람 한 사람의 삶에 긍정적인 영향을 줄 수 있다면, 그게 제가 할 수 있는 가장 본질적인 요가라고 믿어요.

저는 앞으로도 요가를 통해 회원들의 몸과 마음이 더 편안해지고, 자신을 돌볼 수 있게 돕는 걸 제 일의 중심에 두고 싶어요. 무리한 확장이나 단기적인 성과보다는, 오래도록 신뢰받고 기억되는 공간을 만드는 것. 그게 제가 요가를 시작할 때부터 느꼈고, 운영하면서 더욱 확고해진 가장 큰 신념이에요.

다른 경험을 해본 적이 없어 두려움도 있지만, 요가를 통해 얻는 만족감과 성취감, 평온함은 어떤 것과도 비교할 수 없어요. 만약 다른 직업을 갖게 되더라도, 요가 수련은 제 삶의 중심에 있을 거예요.

이런 이유로 ==제가 유지하고 싶은 신념은 요가의 본질을 잃지 않고, 회원들에게 진정한 요가를 전달하는 거예요.== 상업적인 이익보다는 회원들의 건강과 행복을 우선으로 생각하고, 요가를 통해 그들의 삶에 긍정적인 변화를 가져다주고 싶어요.

Q89. 우리 요가원에 꼭 와야 하는 이유는 무엇인가요?

"병원 대신 오는 곳이에요.", "오랫동안 아팠던 곳이 이제 전혀 안 아파요" 같은 말씀을 회원님들께서 해주실 때 정말 큰 보람을 느끼고, 요가원의 특성이 잘 전달되고 있구나 싶어요. 물론 요가로 모든 질병을 해결할 순 없지만, 현대인들이 흔히 겪는 병원에 갈 정도는 아니어도 삶의 질을 떨어뜨리는 만성 통증이나 뻐근함, 약물로 해결되지 않는 답답함을 요가로 풀 수 있다는 걸 알기에 더 특별한 경험을 드리고 싶어요.

저희 요가원은 단순히 요가 아사나를 완성하는 데 초점을 두지 않아요. 신체의 바른 정렬, 그러니까 몸의 균형을 되찾는 걸 가장 중요하게 생각하죠. 그래서 "몸이 뻣뻣해서 요가는 무리야"나 "요가를 해도 달라지는 게 없었어"라고 생각하시는 분들이 오히려 더 큰 변화를 경험할 수 있어요.

또 다른 자랑은 바로 전문성이에요. 문화체육관광부에서 인증하는 국가공인자격증인 건강운동관리사 자격을 가진 원장을 중심으로, 모든 강사님이 기능해부학 교육을 이수한 치유요가 전문가로 구성되어 있습니다. 회원 한 분 한 분의 몸 상태를 정확히 파악하고, 수업 전후로 맞춤 피드백을 드리려고 노력하죠. 단순히 동작만 따라 하는 게 아니라, 왜 이 동작을 해야 하는지, 어떤 효과가 있는지, 내 몸에 맞는 변형 동작은 무엇인지 알려드려요. 한 회원님이 "수업 끝나고 이렇게 회원을 붙잡고 설명해 주는 요가원은 처음이에요"라고 하셨는데, 그 말씀을 듣고 한편으로는 적당히 조절해야겠다는 생각도 들더라고요.

저희는 꾸준한 수련과 교정 효과를 위해, 수업 후 가시는 분들께 오늘 수업 피드백이나 일상생활 팁을 개별적으로 드리려고 해요. 매번 모두에게는 어렵지만, 꼭 필요할 때는 짧게라도 따로 안내해 드리죠. 개인 레슨이 아니니까 수업 중 안내가 부족했을 수 있거든요. 가끔 조용히 수련만 하고 싶거나 이런 관심을 불편해하시는 분들에게는 다가가는 속도를 늦추면서 더 배려하며 다가가요. 이렇게 수련을 통해 회원님의 삶에 도움이 되도록, 수업 전후 맞춤 피드백으로 이해를 돕고, 요가로 건강한 삶을 만들어갈 수 있게 최선을 다하고 있어요.

특히 장기간 등록하신 회원님들께는 개인 체형 분석과 운동 처방을 드려요. 이건 장기 등록 유도 때문이 아니라, 단기간 수련할 때에는 몸의 변화를 느끼기 어렵기 때문이에요. 개인의 체형 불균형을 정확히 파악하고, 맞춤 프로그램으로 체형 교정 효과를 극대화하죠. 단순한 일시적 운동이 아닌, 장기적으로 건강한 몸을 만들 수 있도록 돕고 있어요.

오래된 회원님들께서는 요가원에 오면 마음이 편해진다고 하세요. 사바아사나 중 행복해서 눈물이 나셨다는 회원님도 계셨죠. 그만큼 평소 느끼지 못했던 자신에게 집중하는 시간이 얼마나 소중한지 느끼신 거겠죠. **이 공간이 아늑하고, 남과 비교하거나 경쟁하지 않아도 되는 수련 장소로 남도록 늘 신경 쓰고 있어요.**

Q90. 원장이 되어도 공부는 끝없이 해야 하나요?

꾸준한 공부와 자기 계발은 어느 직업이든 중요하죠. 요가 지도자나 원장으로서 책임을 다하기 위해선 계속 배우고 공부하는 게 필요하다고 생각해요. 우리의 일은 사람의 몸과 마음을 다루는 일이니까요. 운동을 지도하는 모든 직업은 몸에 대해 잘 알아야 하고, 요가도 마찬가지예요.

요즘 회원님들은 반전문가 수준으로 건강 정보를 많이 아시죠. 유튜브나 TV 같은 매체에서 쏟아지는 정보 때문에 오히려 혼란스러워하시는 경우도 많아요. "선생님, 방송에서 보니 이렇다는데 맞아요?" 하고 물으실 때, 잘못된 정보는 바로잡고 정확한 정보를 전달하려면 끊임없이 공부해야 해요. 그래야 회원님들이 우리를 믿고 따라올 수 있죠. 수많은 정보 속에서 본질을 구별해내는 안목은 지도자로서 꼭 갖춰야 할 역량이에요.

정확한 정보의 '바탕'을 아는 게 중요하다고 생각해요. 책, 강의, 유튜브마다 전달 방식과 내용이 달라서, 바탕없이 잘못된 정보를 전달하면 혼란을 일으킬 수 있죠. 맞다 틀리다를 논하기 전에, 우리는 끊임없이 질문하고 탐구하며 답을 찾아가야 해요.

그렇다면 얼마나, 어떻게 공부해야 할까요? 많은 강사님, 원장님들이 시간과 비용을 들여 교육을 받지만, 무조건 많은 교육이 좋은 건 아니에요. 오히려 과도한 정보는 독이 되어 자신만의 지도 철학을 잃게 할 수 있죠. 교육에서 얻은 지식을 충분히 숙지하고, 자신만의 방식으로 수업이나 수련에 적용하는 게 훨씬 중요해요.

저는 어떠한 교육에서 꼭 많은 걸 얻으려 하기보다는, 단 한 가지라도 얻으면 충분하다고 생각해요. 그리고 배운 내용을 다음 수업이나 수련에 바로 적용하려고 노력하죠. 중요한 건 자신의 수업이나 수련 방향에 맞는 정보는 받아들이고, 그렇지 않은 건 흘려보내도 괜찮다는 거예요. 요가와 몸에 관한 공부는 과학적이지만, 사람마다 몸은 다르고 정답은 하나가 아니니까요.

제가 요가 지도자 교육에서 "계속 공부해야 한다"고 강조하는 이유도 여기에 있어요. 회원님들은 우리를 믿고 자세를 따라 하시니까, 미세한 차이가 큰 변화를 불러올 수 있다는 걸 명심해야 해요. 잘못된 정보가 반복되면 부정적인 결과를 초래할 수도 있죠. 물론 요가에 절대적인 정답은 없지만, 늘 책임감을 가지고 신중하게 가르쳐야 해요.

수업을 하고 많은 회원님들을 만나다 보면 꾸준히 공부할 수밖에 없는 상황이 되죠. 이때 중요한 건 단순히 지식을 쌓는 게 아니라, 회원 한 분 한 분의 몸과 마음을 이해하려는 마음이 공부로 이어져야 한다는 거예요.

어느 직업이든 꾸준한 공부와 자기 계발은 필수지만, 요가 지도자에게는 특히 더 중요해요. 늘 책임감을 가지고 배우고 성장해야 하죠. 회원님들의 건강과 안전을 책임지는 일이기에, 몸에 대한 깊이 있는 이해는 꼭 필요해요.

 **Q91. 원장으로서 꼭 가져야 할 마음가짐이 있다면 어떤 것인가요?**

요가원을 운영하면서 느끼는 가장 중요한 점은 물건을 파는 일과는 다르다는 거예요. 회원 한 분 한 분의 몸과 마음을 어루만지고, 삶에 긍정적인 변화를 끌어내는 일은 비교할 수 없는 가치를 지니고 있죠.

물건에는 값을 매길 수 있지만, 우리 서비스엔 값을 매길 수 없어요. 그래서 '정성과 진심'으로 회원님들께 다가가려 해요. 진심을 담아 수업을 하면, 회원님들께서 그걸 느끼고 마음을 열어주시죠. 그러다 보면 감동적인 순간을 마주하기도 해요.

10년 정도 된 이야기인데, 기억에 남는 사례가 있어요. 폐암 수술 후 회복이 힘드셨던 어머니를 모시고 온 따님이 계셨어요. 그 따님이 레슨 내내 옆에서 지켜보던 모습이 선해요. 어머니의 상태에 맞는 동작과 호흡 명상으로 폐 기능을 강화하고 통증을 완화했죠. 몇 번의 레슨 후 기침이 줄고 움직임이 회복되며 체력도 되찾으셨어요. 따님과 어머니께서 정말 감사해하셨죠. 특히 따님이 "어머니가 이렇게 좋아지실 줄 몰랐어요. 선생님 덕분에 다시 웃으셨어요"라며 감사 인사를 전하셨던 게 기억나요.

또 한 번은 트라우마로 사회생활에 어려움을 겪던 회원님이 계셨어요. 오랜 상담과 치료에도 나아지지 않았다고 하셨죠. 그런데 이분은 저희 요가원에서 꾸준히 수련하며 몸과 마음에 집중하시더니 점차 안정을 되찾으셨어요. 어느 날 "요가 덕분에 트라우마에서 벗어나 새 삶을 시작했다"고 하셨는데, 그분의 새 시작을 도운 게 저에게도 큰 감동이었죠.

이렇게 회원님들께 감동하며 지도하려 하지만, 한계에 부딪히기도 해요. 몸이 하나뿐이라 모두를 만족시킬 순 없다는 걸 받아들였어요. 예전엔 모든 회원님께 인사를 못 드리면 마음이 불편했는데, 이제는 한 분께 최선을 다해 피드백을 드리고, 다음 수업에선 다른 분께 집중하는 식으로 마음을 다스리죠.

오래전 이 고민을 하던 때, 회원님과의 대화에서 깨달은 게 있어요. 회원님들은 강사들이 다른 회원과 나누는 대화까지 의식하며 요가원의 분위기와 에너지를 느끼신다는 거예요. 제가 조급한 마음만 가지고 넓게 보지 못한 거죠. 회원님들의 마음은 생각보다 너그러우시더라고요.

원장의 건강관리도 절대 무시할 수 없어요. 제 감정이나 건강 상태가 회원님들께 전달되지 않도록 신경 써야 하죠. 원장도 사람이니 아프지 않을 수는 없지만, 몸이 재산인 직업이라 건강관리에 주의해야 해요. ==건강한 삶을 안내하려면 스스로 건강한 몸과 마==

음을 유지하는 게 중요하죠.

옛날엔 기분 나쁜 일이 있으면 수업 내내 그 생각이 떠나지 않았어요. 명상하며 이런 부분이 많이 좋아졌어요. 그런 감정을 가지고 수업에 임하면 제 마음도 불편하더라고요. 우리는 회원님들께 긍정적인 에너지를 전해야 하니까, 감정을 어느 정도 조절해야 해요. 마음속 감정을 다 드러내기보단 균형 있게 표현하는 자세가 필요하죠. 하지만 감정을 너무 억누르면 스트레스가 쌓여 지치니, 적절한 감정 표현이 건강한 소통이 될 수 있어요.

저도 한동안은 늘 "괜찮아요!"를 외치며 버텼어요. 하지만 요즘은 육아를 하면서 예전과 다른 방식으로 에너지를 쓰죠. 그래서 힘들다는 말을 회원님들께 종종 하게 되더라고요. 진심으로 힘드니까 거짓말을 할 수가 없어요.

감정을 숨기거나 다 드러내는 게 정답은 아니에요. 중요한 건 스스로 감정을 살피고, 자신만의 방식으로 돌보는 거예요. 조절이 쉽지 않으니, 틈틈이 맞는 휴식법이나 감정 정리법을 찾아 실천하는 게 정말 중요하다고 느껴요.

Q92. 체험 클래스는 어떻게 운영해야 할까요?

요가원을 처음 인수했을 때, 저는 예전 방식대로 무료 체험을 열었어요. 처음 오시는 분들의 부담을 덜고, 우리 공간의 문을 활짝 열고 싶었거든요. 실제로 많은 요가원이 무료 체험을 홍보의 큰 도구로 쓰잖아요. 하지만 운영하다 보니, 현실적인 고민이 하나둘 생겨났습니다.

가장 큰 문제는 공간이 넉넉지 않다는 거였어요. 소규모 요가원이라 수업 정원이 한정돼 있어서, 꾸준히 다니는 회원님들의 자리를 안정적으로 지키는 게 중요했죠. 자리가 적은데 무료 체험만 하러 오시는 분들이 많아지면, 기존 회원님들이 불편해지곤 했어요. 또 하나는 형평성 문제였어요. 바로 등록하신 분들 처지에선, 무료 체험이 당연한 혜택처럼 반복되니까 "내가 손해 봤나?" 하는 마음이 들 때가 있더라고요. 어떤 분들은 무료 체험을 '잠깐 들러보기' 정도로만 생각하시다 보니, 진짜 등록할 마음이 있는 분들과 그렇지 않은 분들을 구분할 기준이 필요했어요.

이런 고민 끝에, 저는 체험 클래스를 유료로 바꿨어요. 처음엔 부담을 줄이려고 체험비를 저렴하게 책정했죠. 코로나로 수용 인원이 줄면서 무료 체험은 자연스럽게 운영하기 어려워졌어요. 지금은 체험을 원하시면 '원데이 클래스'로 진행해요. 이건 단순한 맛보기가 아니라, 정식 수업처럼 정성을 담아서 운영하는 거예요. 진지하게 등록을 고민하시는 분들께 충분한 가치를 전하고, 수업의 질이나 수업 환경에 대한 기대치를 적절히 조율할 수 있게 도와주더라고요.

지금은 평소엔 무료 체험을 하지 않고, 특별한 때에만 이벤트성 오픈 클래스나 정기 체험 주간을 열어요. 예를 들어, 요가원 오픈 기념일에 무료 체험을 마련하죠. 이 방식은 기존 회원님들과의 균형을 지키면서, 체험 수업의 진심도 유지할 수 있어서 좋아요.

==체험 클래스는 요가원을 처음 만나는 소중한 순간이에요. 하지만 꼭 '무료 체험'이어야 할 필요는 없다고 생각해요.== 우리 공간의 의미와 운영 상황을 생각해서 '우리 요가원에 맞는 스타일'을 찾는 게 더 현실적이고 오래갈 수 있는 길이에요. 체험 클래스는 단순한 홍보가 아니라, 회원과의 첫인상을 만들고, 정원 관리, 형평성, 운영 흐름까지 챙겨야 할 중요한 부분이죠. 무료냐 유료냐를 따지기보다 이 수업이 체험하시는 분들께 요가원의 기운을 어떻게 전할 수 있을지, 그 마음을 담는 게 더 중요한 것 같아요.

Q93. 무리한 수강권 홀딩이나 환불을 요구하면 어떻게 해야 하나요?

요가원을 운영하다 보면 피할 수 없는 민감한 주제 중 하나가 바로 수강권 홀딩과 환불 문제예요. 회원 개인의 상황에 따라 충분히 이해되는 요청도 있지만, 때로는 운영자로서 좀 무리라고 느껴지는 요구가 들어오기도 하죠. 어떤 분은 바쁘다는 이유로 홀딩을 길게 연장해달라고 하시고, 또 어떤 분은 몇 달째 수업에 나오지 않다가 뒤늦게 환불을 요청하기도 해요.

이런 상황에서 중요한 건 명확한 기준을 세우고, 그 기준을 일관되게 적용하는 거예요. 누군가 해주고 누군가 안 해주면 불신으로 이어지고, 매번 판단이 스트레스가 되며 운영에 큰 피로감이 쌓입니다.

저희 요가원은 홀딩 규정을 명확히 정해두고 있어요. 예를 들어, 3개월권은 최대 2주, 6개월권은 4주 홀딩이 가능하다고요. 하지만 살다 보면 예외 상황이 생기기 마련이죠. 사고, 갑작스러운 수술, 입원, 출산 같은 부득이한 경우에는 의료기관의 진단서나 영수증 같은 증빙 서류를 요청한 뒤, 추가 홀딩을 유연하게 적용하고 있어요. 이 과정이 번거롭게 느껴질 수도 있지만, 정당한 사유의 회원에게는 공정성을 보여주고, 무리한 요구에는 선을 그을 수 있어 운영이 훨씬 명확해집니다.

하지만 가끔은 단호하게 거절하기 힘든 사유가 있기도 해요. 한 번은 등록을 하신 후 시작을 못 하시고, "가족상을 당했어요"라고 1년 정도가 지난 후 다시 오신 경우가 있어요. 이 경우에 지난 수강 기간을 그냥 드리기에는 형평성에 너무 어긋나니 다시 등록할 때 작년에 못 나온 기간을 연장해 드리는 방식을 택한 적이 있어요. 이런 분들은 오히려 감사해하시며, 다시 새로운 마음으로 꾸준히 다니시더라고요.

환불도 감정적인 요청보다는 소비자보호법 기준에 따라 안내해야 해요. 공정거래위원회의 체육시설 소비자분쟁 해결 기준에 따르면, 수강 개시 전에는 전액 환불이 가능하고, 수강을 시작했다면 잔여기간 금액에서 위약금(총액의 10%)을 공제한 뒤 환불할 수 있어요. 이 기준을 바탕으로 회원님께 설명해 드리죠. 등록 후 수강권 기간이 많이 지났는데도 개시하지 않은 경우, 미리 연락을 드리면 오해를 줄일 수 있어요. 이를 대비해 등록 시 수강 개시일을 대략이라도 명시하는 게 중요하죠.

단호하지만 공정하게 대응하려면 기준을 정확히 숙지하고, 요가원 내부 운영 규칙과 계약서에 이 내용을 사전에 명시해 두는 게 좋아요. 저는 한 회원님이 수강 중단 후 두 달이 지나 환불을 요청하신 적이 있었어요. 본인은 "잘 몰랐다", "개인 사정으로 못 왔으니 사용한 게 없지 않냐"고 하셨지만, 계약서에 명시된 내용과 소비자보호법 기준을 근거로 조심스럽게 설명해 드렸고, 결국 오해 없이 정리할 수 있었죠. 만약 명확한 기준이 없었다면, 감정싸움이나 다른 회원들과의 형평성 문제가 생겼을 거예요.

핵심은 사전 안내와 일관된 적용이에요. 이런 민감한 문제를 줄이는 가장 좋은 방법은 회원 등록 초기에 환불과 홀딩 규정을 명확히 안내하는 거예요. 운영 규정을 정리한 안내문이나 리플릿을 나눠주거나, 가입 시 구두로 간단히 설명하면 분쟁 소지를 줄일 수 있죠. 또, 모든 회원에게 동일하게 적용한다는 원칙을 지키는 게 중요해요. 특정 회원에게만 예외를 두거나 감정적으로 기준이 흔들리면 다른 회원들이 불신을 갖게 되고, 운영 전체에 영향을 미칩니다.

홀딩과 환불은 단순한 서비스 제공이 아니라, 요가원 운영의 신뢰와 시스템을 지키는 일이에요. 이 문제를 단호하게 잘 다룬다고 해서 회원과의 관계가 꼭 나빠지는 것도 아니에요. 오히려 공정한 기준으로 운영하는 모습은 요가원을 더 신뢰할 수 있는 공간으로 만들어주는 중요한 요소라고 생각합니다.

Q94. 요가원장으로서 포기해야 할 것들은 무엇이 있을까요?

요가원 원장으로 살면서 포기해야 할 것들이 꽤 있어요. 많은 자영업자가 그렇지만, 요가 강사나 원장의 일상은 '저녁 없는 삶', '주말 없는 삶'으로 불릴 때가 많아요. 요가원 수업은 밤늦게까지 이어지고, 주말엔 워크숍, 행사, 교육으로 바빠요. 그러다 보니 친구나 지인과의 만남이 줄어들고, 가족과 보내는 시간이나 개인 취미, 여가 활동을 즐길 여유가 부족해지죠.

초기 운영엔 특히 시간과 에너지를 많이 쏟아야 해요. 하지만 요가원에만 몰두하다 보면 일과 삶의 균형을 잡기 어렵죠. 저도 초기에 요가원에만 너무 집중해서 건강이 안 좋아진 적이 있어요. 요가 수업은 몸을 움직이고 말을 많이 하는 일이어서 수업 질이 컨디션에 크게 좌우되거든요. 건강을 돌볼 시간을 의식적으로 만들어야 해요.

상담 전담 직원이 따로 없는 경우, 수업 외 시간에도 휴대전화를 신경 쓰지 않을 수 없어요. 언제 상담 전화나 문의 전화가 올지 모르니까요. 늦은 저녁이나 주말에도 종종 오죠. 특히 연령대가 높으신 분들은 바로 전화하시는 경우가 많아요. 디지털 디톡스를 하고 싶어도 쉽지 않아요. 한때 주말엔 전화를 껐다가 부재중 전화를 평일에 확인했는데, 그러다 놓친 고객도 꽤 있었어요. 요즘은 육아로 정신없을 때를 빼고, 주말 문의에도 답하려고 노력해요. 제가 고객인 경우들을 생각해 보면, 밤늦게나 주말처럼 여유가 생길 때 문의하는 경우가 많은 것 같아요. 그때 빠른 답변을 받으면 정말 감사하고 감동적이죠. 출산 후에도 신생아를 돌보며 요가원 전화 상담과 업무에서 벗어나기 힘들었어요. 당시 선생님들이 업무를 많이 도와주셨지만, 전화 상담은 제가 해야 한다고 생각했죠. 지금 돌이켜보면, 출산후 초기에 전화 업무도 누군가에게 맡겼으면 어땠을까 싶어요. 그때 손가락 관절을 조심하라는 말을 들었는데, 스마트폰을 계속 쥐고 업무를 하다 보니 손목과 관절 회복이 더뎌졌거든요.

또한 프리랜서 강사로 자유롭게 다양한 사람을 만나던 생활에서 요가원을 운영하며 한곳에 머무르게 되면, 처음엔 안정적이지만 점차 단조롭게 느껴질 수 있어요. 새로운 자극과 경험이 줄어들어 답답할 때도 있죠. 어떤 원장님들은 주기적으로 여행을 가거나 요가와 다른 취미를 즐기며 이 단조로움을 극복하시더라고요. 예를 들어, 워크숍으로 다른 지역을 방문하거나 전혀 다른 분야의 취미를 통해 새로운 활력을 찾는 거예요. 성향에 따라 다르겠지만, 고정된 루틴이 맞지 않는 분들에겐 다람쥐 쳇바퀴 도는 듯한 일상이 가장 견디기 힘들 수 있어요.

경제적인 안정감도 포기해야 할 부분이에요. 직원으로 일할 때는 수입이 일정해서 계획을 세우기 쉬웠지만, 자영업자는 누구나 그렇듯 미래의 불확실성을 감수해야 하죠.

요가원은 계절, 경제 상황, 경쟁 업체에 따라 매출이 들쑥날쑥해요. 코로나19 같은 예상치 못한 요인으로 매출이 뚝 떨어질 수도 있죠. 저도 처음 4~5년 차까지는 오래 운영할 거란 확신이 없었어요. 그 불확실함 때문에 다른 삶의 계획에도 영향을 받았어요. 심리적인 안정감도 계속 신경 써야 해요. 요가원 운영은 행복감을 주지만 회원 관리, 강사 관리, 마케팅, 재정 관리 등으로 스트레스도 커요. 좋지 않은 피드백이나 예상치 못한 문제를 마주할 때도 있죠. 평소엔 감정 중립을 유지하려 하지만, 가끔은 인간적인 소통에 집중하며 감정을 솔직히 드러내는 것도 필요해요. 가장 힘들었던 건 혼자 모든 걸 해결하려는 마음이었어요. ==원장이 모든 업무를 떠안기보단, 강사나 직원을 고용하거나 외부 도움을 받아 위임하는 법을 배워야 해요.== 결국 자신에게 맞는 방식으로 일과 삶의 균형을 찾아서 계속해서 조정해야 합니다.

Q95. 요가 협회에 꼭 가입해야 할까요?

요가원을 운영하거나 강사 양성을 준비하다 보면 "협회에 가입해야 할까?"라는 의문이 생깁니다. 협회라는 단어만 들어도 왠지 든든하고, 소속감에서 오는 신뢰가 느껴지죠. 하지만 실제 운영 현실은 생각만큼 간단하지 않아요. 먼저 결론부터 말하자면, 협회 가입은 꼭 해야 하는 필수가 아니라 선택이에요. 중요한 건 '협회에 속했는지' 여부가 아니라, 어떤 협회를 고르는지, 그리고 그 협회가 실제로 어떤 도움을 줄 수 있는지예요.

공신력 있는 협회는 체계적인 강사 자격 과정을 운영하고, 자격증 자체가 신뢰의 상징이 되기도 해요. 요가를 처음 접하는 회원님들이나 자격증 과정을 운영할 때, 협회 소속이라는 점이 안정감을 줄 수 있죠.

저는 요가원을 시작하면서 우연히 협회에 가입했어요. 계획했던 건 아니었지만, 협회장님과 깊은 대화를 나누다 보니 자연스럽게 함께하게 됐죠. 프랜차이즈처럼 딱딱한 운영 체계는 아니었지만, 혼자 운영하며 느낄 수 있는 막막함을 덜어주고, 다른 원장님들과 교류하며 시야를 넓힐 수 있었던 점이 큰 힘이 됐어요.

일부 협회는 자격 유지, 자격증 갱신, 법률 자문, 강사 관리 시스템 같은 지원을 제공하며, 장기적으로 강사의 커리어 성장에 도움을 주기도 해요. 하지만 실제적인 현실은 국내 요가 협회 중 상당수는 소규모로 운영돼요. 자격증을 발급한 뒤엔 실질적인 교육이나 성장 지원이 미비한 경우가 많죠. 대표 혼자 운영하는 1인 협회도 적지 않고, 지부나 회원 간 네트워크가 약해 활동이 거의 없는 곳도 있어요. 요가원에서 자격 과정을 운영할 때, 협회 운영이 불안정하면 자격증 유지나 활동 지속에 제약이 생길 수 있고, 교육의 질에도 영향을 미칠 수 있어요.

결국 **핵심은 협회의 이름이나 규모가 아니라, 그 협회의 철학과 내 운영 방향이 얼마나 맞아떨어지는지가 매우 중요합니다.** 어떤 원장님은 협회 없이 자체 커리큘럼과 교육 시스템을 만들어 경쟁력을 키우시고, 또 다른 원장님은 협회의 지원을 잘 활용해 강사 교육 부담을 덜기도 해요. 협회를 어떻게 활용하느냐에 따라 결과가 달라지죠. 그러니 협회 가입을 고민 중이시라면, 이런 질문들을 던져보세요.

- 이 협회의 철학이 내 요가원과 어울리는가?
- 강사 양성 후에도 실력 향상이나 지속적인 지원이 가능한가?

- 운영에 실질적인 도움을 주는 교육, 네트워크, 시스템이 있는가?

 - 단순한 이름이 아니라, 진짜 가치와 방향성을 제공하는가?

요가원의 성공은 협회가 만들어주는 게 아니에요. 협회는 그 여정을 돕는 도구일 뿐, 목적이 되어선 안 돼요. 협회 가입 여부는 맹목적으로 결정할 게 아니라, 냉정한 기준과 명확한 목적을 가지고 결정할 때 비로소 의미 있는 선택이 될 수 있습니다.

Q96. 요가원 양도, 양수 조건에서 고려해야 할 핵심 요소는 무엇인가요?

요가원을 양도받는다는 건 단순히 공간을 넘겨받는 일이 아닙니다. 그 안에 담긴 회원, 강사, 수업 흐름, 분위기, 임대 조건, 상권의 특성까지 모두 함께 떠안는 거죠. 따라서 단순한 인상이나 감으로 판단하기보다, 정확한 데이터와 현실적인 조건을 꼼꼼히 확인하는 게 무엇보다 중요합니다.

저는 강사로 몇 년간 일하던 요가원을 인수한 사례예요. 내부 상황을 잘 알고 있다는 자신감이 있었지만, 막상 운영을 시작하자 예상과 다른 점들이 분명히 보였어요. 가장 크게 체감한 건 회원 수의 착오였어요. 실제로는 출석률이 낮거나, 만료를 앞두고 연장 의사가 없는 회원이 많았고, 장기 미 출석 회원도 상당수였죠.

요가원을 인수한다면 총회원 수보다는 최근 1~2개월 사이에 실제로 출석한 회원 수와 회원권 유효기간을 기준으로 회원의 수를 판단하는 게 정확합니다. 예를 들어, 등록 회원이 80명이라고 해도, 그 안에는 정기 출석 회원 20명, 휴회 중인 회원 15명, 체험권 이용자 25명, 장기 미 출석 회원 20명이 섞여 있을 수 있어요. 가능하다면 출석 기록을 확인해 수업별 평균 참여자 수까지 파악해 보는 게 좋습니다.

양도 사유도 정확히 확인해야 합니다. 단순한 개인 사정인지, 혹시 반복된 민원이나 회원 이탈, 인근 경쟁 요가원의 입점 등 구조적인 문제는 없었는지 꼼꼼히 따져야 합니다. 실제로 지인은 내부 상태는 안정적인 요가원을 인수했지만, 상권 분석을 소홀히 해 인근에 대형 프랜차이즈 요가원이 들어선 후 난감해했던 경우도 있어요.

임대 조건 역시 매우 중요합니다. 임대료, 보증금, 계약 기간 외에도 향후 임대료 인상 가능성이나 시설 노후도 등을 확인하세요. 특히 계약이 곧 만료되거나, 재계약 조건이 불확실한 경우엔 향후 리스크로 작용할 수 있어요.

또 한 가지 놓치기 쉬운 부분은 기존 회원과의 관계 유지예요. 저는 이전부터 강사로 활동했기에 회원들과의 관계가 자연스럽게 이어졌지만, 그렇지 않은 경우엔 원장이 바뀐다는 사실 자체가 불안 요소가 될 수 있죠. 인수 초반에는 수업 시간표나 운영 방식을 급격히 바꾸기보다는 회원들과의 신뢰 형성에 집중하고, 적응할 시간을 주는 게 중요합니다.

요가원 양도에서 빠지지 않는 요소가 권리금입니다. 일반적으로 세 가지로 나뉘는데요. 권리금은 법적으로 정해진 기준이 없고, 시설 상태, 수익 구조, 회원 유지력, 상권 가치 등을 종합적으로 고려해 양도자와 양수자 간의 협의로 결정돼요.

첫째, 시설 권리금은 인테리어, 바닥, 냉난방, 샤워실 등 물리적 설비를 기준으로 하며, 보통 초기 시공비의 30~60% 수준에서 책정됩니다.

둘째, 영업 권리금은 수익성과 회원 유지 상태를 반영합니다. 특히 최근 6개월~1년간의 순이익이 중요한 기준이 되며, 실제 출석률과 회원권 구성 등을 함께 분석해야 합니다.

셋째, 상권 가치 또는 입지 프리미엄은 역세권, 대단지 아파트, 주거 밀집 지역 등 외부 요인을 반영한 것으로, 명확한 기준이 없고 부르는 게 값인 경우도 많습니다.

하지만 실제 수익과 무관한 항목이 과도하게 반영되는 경우도 많아서 주의가 필요해요. 예를 들어, 고급 인테리어가 되어 있더라도 회원 수가 적거나 임대 계약이 불안정하다면, 그 가치를 그대로 인정하기는 어렵겠죠. 따라서 권리금 협상 시에는 매출 내용, 출석률, 회원 유지율 같은 실질적 데이터를 바탕으로 판단하고, 때에 따라 분할 납부, 일정 기간 내 목표 미달 시 일부 환불 조건 등을 계약에 포함하는 것도 방법입니다.

요가원 양수는 단순한 사업 인수가 아니라, 하나의 '운영 시스템'을 새롭게 이어가는 일입니다. 겉으로 드러나는 조건뿐 아니라, 보이지 않는 흐름까지 읽어야 안정적인 시작이 가능해요.

 Q97. 요가원의 롱테일 마케팅 전략을 아시나요?

롱테일 마케팅은 소규모 틈새시장을 공략해서 꾸준히 회원을 끌어들이는 똑똑한 전략이에요. 검색량은 적지만 구체적인 의도를 가진 키워드로 특정 고객에게 도달하는 방식이죠. 요가원처럼 지역 기반이거나 특화된 수업을 제공하는 비즈니스에 정말 잘 맞아요. 대형 피트니스 센터처럼 큰돈 들여 광고하기 어려운 소규모 요가원은 특히 빛을 발하는 방법이랍니다. 요가원을 운영하다 보면 마케팅 예산이 넉넉하지 않은 경우가 많죠. TV 광고나 대형 배너 같은 건 비용도 많이 들고, 소규모 요가원은 진행을 해도 들인 비용에 비해 효과가 잘 안 날 때도 있어요. 롱테일 마케팅은 이런 문제를 해결해 줍니다. 검색량이 많은 '요가' 같은 일반 키워드는 대형 프랜차이즈나 온라인 플랫폼과 경쟁해야 해서 검색 상위에 올리기 어렵거든요. 하지만 '부산 해운대 초보자 요가 클래스'나 '강남역 임산부 요가 수업'와 같은 구체적인 키워드는 경쟁이 적고, 검색하는 사람들의 목적이 분명해서 회원 전환율이 높아요.

실제로 전체 검색의 90% 이상이 이런 롱테일 키워드에서 나

오고, 요가원 같은 지역 비즈니스엔 딱 맞는 기회죠. 예를 들어, '요가'로 검색한 사람은 그냥 정보를 찾는 경우가 많지만, '홍대 근처 저녁 요가 클래스'를 검색한 사람은 이미 등록할 마음이 반쯤 준비된 고객일 가능성이 크거든요. 먼저 '우리 요가원에 누가 올까?'를 고민해 봐야 해요. 직장인? 임산부? 중장년층? 초보자? 고객의 나이, 지역, 관심사를 세분화한 뒤 그들이 검색할 법한 키워드를 찾아야 합니다. 키워드를 찾았다면, 그걸로 콘텐츠를 만들어야 해요. 아래와 같이 롱테일 키워드와 연계해 콘텐츠로 만들면 검색 순위도 오르고 회원 등록 가능성도 높아집니다.

블로그 포스트: '강남 초보자를 위한 요가 입문 가이드'나 '임산부 요가의 5가지 이점'과 같은 글을 써보세요. 키워드를 제목, 소제목, 본문에 자연스럽게 넣는 거예요. 예를 들어, '부산 서면 초보자 요가 클래스'를 타깃으로 한다면, 지역 특징과 초보자 맞춤 수업을 상세히 다룬 콘텐츠를 만들면 좋아요.

SNS 콘텐츠: 인스타그램이나 네이버 카페에 짧은 영상이나 사진을 올리며 키워드를 활용하세요. '홍대 근처 요가원 아침 명상 체험' 같은 캡션으로 지역 고객의 관심을 끌 수 있죠.

네이버 플레이스: 지역 검색이 중요한 요가원은 네이버 플레이스 등록이 필수예요. 위치, 시간표, 후기를 최신화하고, '강남역 도보 5분, 여성 전용 요가 클래스' 같은 키워드를 설명에 넣어보세요.

Q98. 요가원의 문제로 수업을 못하게 된다면 어떻게 대처해야 하나요?

요가원을 운영하다 보면 정말 예기치 못한 순간에 수업을 진행하지 못하게 되는 일이 생기곤 합니다. 저도 그런 상황을 겪은 적이 있어요. 코로나 시기였고, 저는 출산을 앞두고 집에 머물던 상황이었죠. 그런데 오전 수업을 맡은 강사님이 출근 직전에 가족의 확진 소식을 듣게 된 거예요. 그 당시에는 가족 중 누가 확진되면 모두가 자가격리에 들어가야 했기 때문에, 강사님은 물론 저 역시 대체 수업을 진행할 수 없었습니다. 다른 강사님들에게 급히 요청하기에도 시간이 너무 촉박했죠. 결국 빠르게 판단해 해당 수업을 휴강하기로 하고, 회원님들께 문자로 안내를 드렸습니다. 다행히 모두가 상황을 이해해 주셨고, 하루를 연장해 드리는 방식으로 조치했습니다.

대부분의 회원님들은 "요즘 같은 시기엔 그럴 수도 있죠", "빠르게 안내해 주셔서 오히려 감사해요"와 같은 반응을 보여주셨어요. 강사님은 결과적으로 확진되지 않았지만, 당시로선 불가피한 결정이었죠.

이런 상황에서는 무엇보다 빠른 판단과 명확한 소통이 중요합니다. 회원들이 혼란을 느끼지 않도록 간결하고 진심 어린 안내가 필요해요. 문자, 카카오톡 채널, SNS 등 다양한 소통 수단을 활용해 공지하고, "내부 사정으로 ○일 ○시 수업은 휴강됩니다. 불편을 드려 죄송합니다"처럼 짧고 분명하게 알리는 것이 좋습니다.

단순히 휴강 사실만 전달하는 것이 아니라, 대체 방안도 함께 안내해야 합니다. 다른 수업 시간이나 보강 일정, 회원권 연장 여부 등을 미리 공지해드리면 회원님들이 훨씬 덜 불편해하시죠. 가능하다면 온라인 수업을 대안으로 제시하는 것도 좋은 방법입니다.

그 후에는 회원들의 문의나 불편 사항에 성의껏 응대하는 것이 중요합니다. 빠르고 친절하게 답변하고, 불만이 있다면 충분히 듣고 공감하며 해결하려는 태도만으로도 신뢰는 이어질 수 있어요.

또 다른 사례로는, 제 주변 원장님이 누수 문제로 수업을 취소하게 된 일이 있었어요. 아침에 요가원에 도착했더니 천장에서 물이 새고 있었고, 매트를 펴는 공간이 젖어 수업 진행이 불가능한 상태였던 거죠. 수업 시작까지 한 시간도 남지 않았지만, 즉시 휴강을 결정하고 '안전 문제로 인한 긴급 점검'이라는 공지를 문자와 카카오톡 채널로 안내했다고 하더라고요.

이처럼 정전이나 냉난방 고장 같은 시설 문제도 자주 일어날 수 있어요. 이럴 때는 '왜 수업을 못 하는가'보다, 얼마나 빠르게 공지하고 어떤 대안을 제시하느냐가 더 중요하다는 걸 실감했습니다.

이후에는 반드시 사후 관리가 필요합니다. 정상 운영 재개를 다시 알리고, 회원님들께 미안함과 감사의 인사를 전하면 신뢰는 오히려 더 깊어질 수 있어요. 저 역시 이 경험을 계기로 강사 비상 연락망을 만들고, 대체 가능한 강사 리스트도 정리해 두었습니다.

==결국 중요한 건 문제가 생기느냐가 아니라, 그 상황을 어떻게 대처하느냐입니다. 위기 속에서 보여주는 대응이 신뢰를 더욱 단단하게 만들어준다는 걸 요가원 운영을 통해 배웠습니다.==

Q99. 요가원 운영에서 가장 과감했던 결정은 무엇이었나요?

오랜 기간 요가원을 운영하면서 가장 과감했던 결정은 코로나19로 장기 휴원이 이어지던 시기에 테라피 월(Therapy Wall)을 설치하고, 이를 활용한 특화 수업을 론칭한 일이었습니다.

그 당시 상황은 정말 쉽지 않았습니다. 오프라인 수업은 기약 없이 중단됐고, 회원님들과의 연결이 느슨해질까 봐 큰 걱정이었죠. 온라인 수업으로 수련을 이어가면서도, 한편으론 지금이야말로 요가의 본질로 들어가야 할 때라는 생각이 들었습니다. 새로운 도구를 도입하는 데는 많은 고민이 필요했지만, 오히려 위기 속에서 차별화된 콘텐츠를 만들 기회로 삼았어요.

테라피월은 벽에 설치된 고정 장치와 로프, 스트랩을 이용해 다양한 동작을 수행하는 방식으로, 단순한 동작을 넘어서 신체 정렬과 심신의 안정까지 돕는 테라피적 요소를 강화할 수 있는 도구예요. 국내에서는 아직 생소한 방식이었고, 공사 비용도 적지 않아 도입 자체가 모험이었죠. 하지만 재활과 교정이라는 우리 요가원의 기존 방향성과도 잘 맞았기에, 이 기회를 차별화된 콘텐츠로 연결해 보자고 마음먹었습니다.

프로그램을 론칭하기 위해 직접 테라피 월 교육을 받고, 기존 강사님들과 함께 새로운 커리큘럼을 개발했습니다. '테라피월 체형교정' 수업은 기존의 교정 요가 프로그램을 기반으로, 근골격계 문제를 완화하고 심리적 안정까지 돕는 형태로 구성했습니다. 예를 들어 어깨나 허리 통증을 호소하는 회원님들에겐 벽과 벨트를 활용해 정확한 정렬을 유도하고, 핸즈온 지도가 어려운 상황에서도 각자가 스트랩을 이용해 섬세하게 체형을 조절할 수 있게 했습니다.

이 선택은 요가원의 방향성에 큰 전환점을 가져왔습니다. 운영이 재개된 이후, 새로운 프로그램에 대한 회원님들의 기대감은 컸고, 처음엔 생소해하던 분들도 체험 수업을 통해 "더 정확한 자세를 느낄 수 있다", "어려운 동작이 편안하게 느껴진다"는 긍정적인 반응을 보여주셨어요. 대규모 수업에서 놓치기 쉬운 개별 맞춤 지도도 이 수업에서는 스스로 몸과 깊이 연결되며 자연스럽게 이루어졌고, 다시 수련을 시작한 기존 회원님들과 새로운 회원님들이 점차 늘어나기 시작했습니다.

테라피 월 도입은 단순한 프로그램 확장이 아니었습니다. 위기 속에서 요가원의 방향을 재정립하고, 우리만의 본질적인 가치를 더욱 깊이 전달할 수 있었던 기회였어요. 그 과감한 결정 덕분에 요가원은 더 단단해졌고, 저 역시 운영자로서의 철학이 한층 깊어졌습니다.

당시엔 두렵고 막막했지만, 지금 돌아보면 가장 잘한 선택 중 하나였다고 생각합니다.

운영 중에는 예상치 못한 위기나 흔들림이 찾아오기도 합니다. 이때 처음에는 저도 무언가를 해야 할지 막막했던 것 같아요. 하지만 그럴 때일수록 위기 속으로 깊이 들어가 헤매거나 무리하게 더 멀리 나아가려 하기보다는, 내가 가장 잘할 수 있는 방식이 무엇인지 돌아보는 시간이 중요하다고 생각합니다. 한 걸음 멈춰 다양한 길을 살펴보고 나에게 맞는 선택을 하는 것. 때로는 그런 '과감한 멈춤'이 더 현명한 결정이 될 수 있습니다.

100. 이 책에서 해주고 싶은 이야기는 무엇인가요?

요가원 운영을 고민하는 분들이라면, 저는 먼저 이렇게 묻고 싶어요. "요가를 사랑하시나요?" 그리고 "그 사랑을 다른 사람들과 나누는 일을, 기쁘게 이어가실 수 있나요?"

요가원 창업은 단순히 공간을 열고 수업을 하는 일이 아닙니다. 그 공간 안에 어떤 에너지를 담을지, 어떤 마음으로 사람들을 맞이할지, 어떤 방향으로 함께 성장할지를 끊임없이 고민하는 여정이죠.

처음엔 수업 시간표를 채우는 것도 벅차고, 회원 관리, 마케팅, 행정 업무 같은 예상치 못한 일들에 지칠 때가 많아요. 수업만 잘하면 되겠지 했던 기대와 달리, 더 많은 책임을 짊어져야 할 때 마음이 무거워질 수도 있어요.

그럴 때마다 저는 처음의 마음을 떠올렸어요. 요가가 내게 준 치유와 성장, 그 감동을 누군가와 나누고 싶었던 그 순수한 시작을요. 창업을 고민 중이라면, 먼저 내 안의 요가에 대한 애정과 철학이 단단한지 스스로에게 물어보세요. 돈이나 명예만을 목표로 시작하면 오래 버티기 힘들어요.

또 하나, '내가 잘할 수 있는 것'을 정확히 파악하고 그걸 중심으로 요가원의 콘셉트를 잡아보세요. 누구나 환영하는 열린 공간이면서도 '나만의 색깔'이 뚜렷한 요가원이 오래 사랑받더라고요. 내가 깊이 아는 분야, 내 경험이 녹아 있는 수련법, 내 진심이 자연스레 스며드는 공간을 만들어가세요.

요가원 운영은 끝없는 성장의 길이에요. 회원님 한 분 한 분의 변화를 지켜보며 나도 계속 배우고 달라져야 하니까요. 완벽하지 않아도 괜찮아요. 완벽한 준비를 기다리다 보면 시작조차 못 할지도 몰라요. 지금 '요가를 통한 나눔'에 대한 진심이 있다면, 조심스럽게 한 발 내디뎌 보세요.

요가원의 문을 여는 건 단순한 사업 시작이 아니라, 살아 숨쉬는 하나의 생명체를 가꾸고 키워가는 일처럼 느껴질 거예요. 힘든 날도 분명히 있겠지만, 그 과정에서 배우게 될 사랑, 인내, 감사는 어떤 직업에서도 쉽게 얻을 수 없는 소중한 선물이 될 것입니다.

부족한 제 글이 여러분에게 한 줄기 희망이 되기를 기원합니다.

100 Questions & Answers for Starting a Yoga Studio

요가원 창업 100문 100답

초판 1쇄 발행 | 2025년 7월 31일

글	김수진
펴낸이	이정하
사진	스튜디오것
디자인	jejusoboro

펴낸곳	스토리닷
주소	서울시 서초구 방배동 593-3, 301호
전화	010-8936-6618
팩스	0505-116-6618
ISBN	979-11-88613-58-8(03320)

홈페이지	blog.naver.com/storydot
인스타그램	@storydot
전자우편	storydot@naver.com
출판등록	2013. 09. 12 제2013-000162

ⓒ 김수진, 2025
이 책에 실린 내용 일부나 전부를 다른 곳에 쓰려면
반드시 저작권자와 스토리닷 모두한테서 동의를 받아야 합니다.

스토리닷은 독자 여러분과 함께합니다.
책에 대한 의견이나 출간에 관심 있으신 분은 언제라도 연락주세요.
반갑게 맞이하겠습니다.

스토리닷